ルワンダに灯った希望の光

久美子のバナナ和紙

津田久美子

Made in Rwanda

この紙はバナナ繊維100％のエコペーパーです。漂白もなし。

もっと厚いものもあり、カードやバインダーファイル、筆箱、小箱、電灯用のカサ、ランプシェードなどに加工され、ルワンダ国産品として注目を集めています。

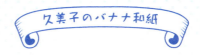

ルワンダ共和国
RWANDA
0
50km
エチオピア
Ethiopia
ルワンダ
RWANDA
マラウィ
Malawi
コンゴ民主共和国
ウガンダ
北部州
ルシャシ
Rushashi
東部州
キブ湖
西部州
ルワンダ
RWANDA
キガリ
Kigali
キガリ州
ルワマガナ
Rwamagana
キブエ
Kibuye
キブンゴ
Kibungo
ニアンジェ
Nyanza
ムメヤ
Mumeya
南部州
ブタレ
Butare
ブルンジ
タンザニア

目　次

4章 いつも"No Problem."、それが…プロブレム！ 149

5章 "Made in Rwanda"が増えれば仕事も生まれる 197

ルワンダに灯った希望の光

久美子のバナナ和紙

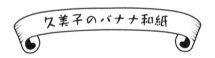

プロローグ

ルワンダ社会に定着し始めた「バナナ和紙」

ルワンダ――。その名前を聞いたことがある方はそれほど多くはないでしょう。

アフリカ東部の内陸部にある、自然豊かな美しい国ルワンダは、日本でいうと岩手県と秋田県とを合わせたほどの広さで、人口は東京都よりやや少ない1200万（2015年現在）。

2008年11月以降、私はこの国を14回訪れています。きっかけはコーヒー農民の支援でしたが、いまはそこから発展、一人でも多くの人が自立した暮らしを送ることができるようにという願いを実現するための仕事づくりが目標になりました。もう少し具体的に言うと、「バナナペーパー（BP）作りとそれを素材にしたクラフト作り」の普及です。

「バナナペーパー」とは文字どおり、バナナを原料として作った紙のこと。2009年、二度目のルワンダ訪問の折、現地に広く群生するバナナの木々を見て、「これを就労機会の創出に活用できないだろうか」と思い立ったのがすべてのきっかけです。

ルワンダでは、どこに行ってもバナナが数多く自生しており、その実は主として料理用に使われています。しかし、山ほど成った実を取り尽くしたあとは、その茎を廃棄してしまうのです。それを目にした私は、「なんとまあもったいない！」と思いました。

あれほどたくさんある茎をなんとか有効利用できないものだろうか――。そんな思いを抱きながら日本に戻りました。そして、あれこれ調べて思いついたのがバナナペーパーだったのです。

バナナペーパー作りは、廃棄されるバナナの茎から採取した繊維を加工（煮熟《しゃじゅく》・叩解《こうかい》）してパルプにすることから始まります。しかし、バナナの繊維は和紙の原料であるコウゾやミツマタなどに比べとても固く、パルプにする工程で、化学薬品や機械で処理しないと、なめらかな紙にはならないと言われてきました。

また、日本国内で「バナナペーパー」とされているものは、バナナ繊維が2～3割ほどしか含まれておらず、木材チップや古紙などが混じ

HAT工房で、現地の女性たちとバナナ茎の繊維取り出し作業

っています。

ところが、電力資源が乏しいルワンダ（特に農村部）では、機械の導入自体が容易ではありません。また、化学薬品の使用も制限されています。こうした厳しい条件のもとでバナナペーパー作りを始めて6年。日本伝統の和紙の技術を応用し、化学薬品を使わない、バナナパルプ100％の手漉《す》き「バナナ和紙」が完成しました。

バナナペーパーを手がける若い2人のアーティスト

2016年10月、数えて14回目となる今回、ドーハ（カタールの首都）を経由しておよそ24時間をかけ、ルワンダの首都キガリを訪れました。目的はバナナペーパーを手がける若い2人のアーティスト（ムギシャとセルセ）を応援し、ルワンダ社会に定着し始めた「バナナペーパー作りとそれを素材にしたクラフト作り」の流れをさらに強固にするためです。

2人のうちムギシャは、彼の作るバナナペーパー・ランプシェードが、ルワンダの国営放送局（RBA）を含むメディアでたびたび取り上げられ、ホテルなどさまざまなところから注文を受けるようになりました。

彼が最初にメディアで紹介されたのは、前回訪問した直後のこと。2016年6月15日に現地語（キニヤルワンダ語）の2紙、続いて6月21日には主要英字紙 The New Times のデジタル版に、彼と、彼が作成したバナナペーパー・ランプシェードの写真が、詳細なレポートとともに掲載されました。

The New Timesの記事には、バナナペーパー・ランプシェードを作り始めた経緯について、次のように書かれています。

「ムギシャを含むアーティストたちは、日本人女性・津田久美子から1年ほど前に集中的な技術訓練を受け、ランプシェードを作り始めた。ムギシャは、バナナペーパーの、そしてランプシェードの作り方を久美子から学んだ愛弟子《まなでし》である」

２０１５年９月、以前から進めていたバナナペーパー作りをもう一歩進めたいと思い、キガリのアーティストたちと１週間ほど一緒に仕事をしました。

「自分は孤児で、親戚をたらい回しにされて育った」と話していたムギシャですが、その時はまだ、アーティストたちの弟分のような存在でした。しかし、私がバナナペーパー・ランプシェードの作り方を教えた時は大きな目を見開き、誰よりも真剣に学んでいたのが印象に残っています。

アフリカ布を素敵にあしらったムギシャの作品

記事の最後で彼は、マーケットの開拓にチャレンジする自身の決意とともに、同世代の若者たちに向け「創造的であれ！　起業家たれ！」とのメッセージを送っています。彼はその後テレビにも登場（2016年6月23日）、バナナペーパー・ランプシェードについて笑顔で話している写真も届きました。メディアで紹介されたことにより、ルワンダ国内での認識が徐々に広がり始めていることを実感します。

前向き・意欲的な姿勢が感じられるように

ムギシャの報告から3週間後、もう1人のアーティスト・セルセから、「久美子から依頼された試作品が完成した」とのメールが写真とともに送られてきました。セルセは手先がとても器用で、瓶の蓋などからユニークで素敵なアクセサリーを創り出し、仲間からも一目置かれている存在です。

2016年の3月と5月にキガリを訪れた時、アーティストたちとともに試作品「アガセチェ（ルワンダの伝統的なバスケット）とバナナペーパーで作るランプシェード」「バナナペーパーとバナナ皮で作る電灯用カサ」の製作に取り組みました。どちらも、限られた滞在期間内での製品化は難しく、ホテルを発《た》つ際に彼に課題を伝えながら帰国したので、その後の進展が気になっていたのです。

嬉しいことに、セルセから送られてきた写真を見ると、当初よりデザインや品質が向上し、より洗練された感じに仕上がっているのがわかります。アガセチェの部分は、優れた技術を持った編み手に依頼したようです。電灯用のカサもいい感じに仕上がり、どちらもルワンダの伝統を取り入れた素敵な作品になっていました。

さらに、5月の訪問の折セルセは、キガリに住むケニヤッタ大学の教授が彼の作品を気に入りいろいろとアドバイスしてくれたこと、そしてその父親（ケニアの有名な芸術家）がキガリを訪れた時、自分を引き合わせてくれ、「ケニアでもぜひ作り方を教えてほしい」と依頼されたと、話していました。

落ち着いた感じのセルセの作品

伝統的なアガセチェとBPを組み合わせ

〝Made in Rwanda〟製品の先駆けに

「バナナペーパーで就労機会を創りたい。それには、クラフト製品の開発がカギになる」との思いで始めた「バナナペーパー・プロジェクト」。途中、ルワンダの人たちとの考え方の違いや、思わぬハプニングにとまどい、行き詰まった時期もありました。それでも、訪問するたびにそんなルワンダの人々に愛着を感じ、ここまで続けてきました。

まずはバナナペーパーの作り方を教え、土産品用のカードを作り、次に和紙の風合いを持った紙質へのレベルアップを図り、今はその特質を生かしたランプシェードの開発にまで進んできました。

ルワンダは、1994年に激しい内戦にピリオドが打たれてから20年以上がたった今も、国家再建の途上にあります。ただ、国外からは豊富な品々が手に入れられる半面、国内の産業基盤はまだまだ脆弱《ぜいじゃく》で、〝Made in Rwanda〟の製品がほとんどないという状況です。そうした中で、廃棄していた材料から作るバナナペーパー・ランプシェードが、ユニークなルワンダ製品として脚光を浴びつつあります。

ルワンダの人々に愛され、彼らの生活を豊かにするバナナペーパー・クラフト。そして、それが新たな雇用を生む――その手ごたえを、ようやく実感できるようになりました。

1章

すべては英語への関心から

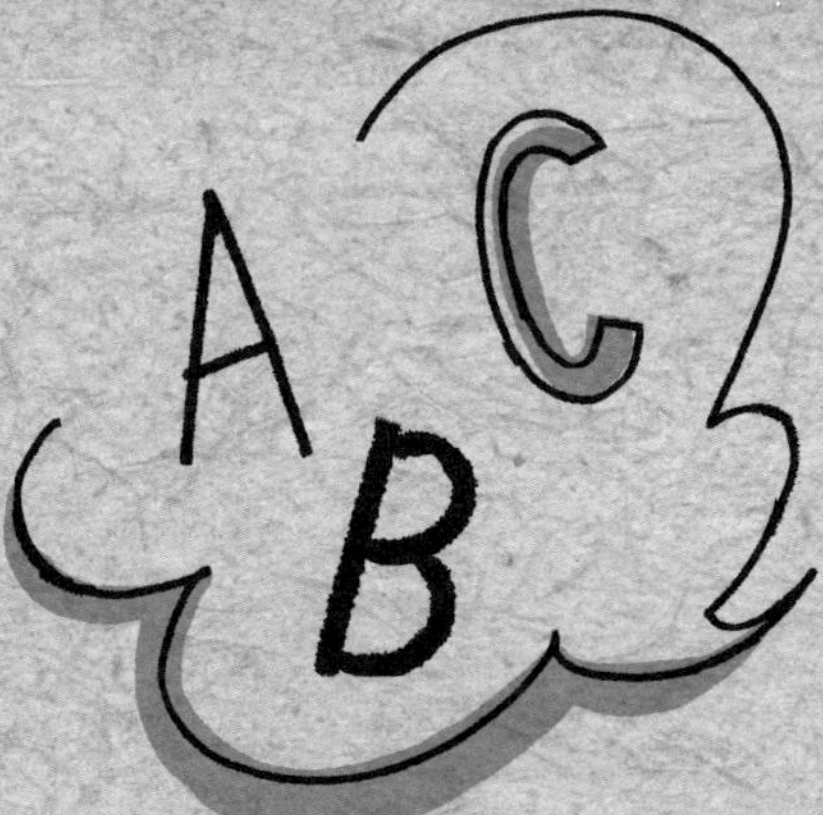

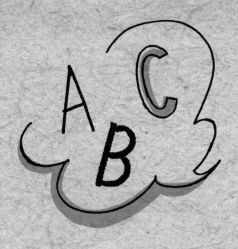

1 英語との関わり

物心ついた頃からアトピー性皮膚炎に苦しむ

私は物心がつく頃から、首や顔、腕や膝の後ろ側など、皮膚の柔らかい部分にしつこい湿疹が出て赤黒く変色するアトピー性皮膚炎に悩んでいました。高校生になっても治らず、症状は悪化するばかり。４人妹弟で長女の私だけがなぜこんな辛い、悲しい思いをするのか。そんな屈折した思いをいつも抱いていました。

高校2年生になると、湿疹が出ていた箇所が膿《うみ》を持つようになり、医師は「体の変わり目だから」と説明していましたが、はっきりした治療法は示してくれません。体のあちらこちらに包帯を巻き、週に1～2回病院で治療してから学校に向かう――そんな生活を余儀なくされました。多感な青春時代です。「恥ずかしい」「人に見られたくない」との思いが働き、学校で集合写真を撮る時は、目立たないようにと、いつも後ろのほうに控えていました。

そんな時、近所の薬局で「副腎皮質ホルモン（ステロイド）」の入った軟膏を勧められました。

医師の処方箋がなくても購入できた時代でした。少しつけると膿んでいた箇所は乾き、1週間ほどで赤黒かった皮がむけて、新しい白い皮膚が再生したのです。嬉しくて嬉しくて、それからは常用するようになり、化粧下クリームのような感じで、通算12～13年ほど使いました。

英語習得への強い思い

思うように勉強に集中できなかった高校時代ですが、2年生の頃、恩師から「これからは世界が舞台です。何語でもよいから1カ国語をマスターしたらどうか」とのアドバイスを受けました。この言葉が私のその後の人生を後押ししてくれたと、今しみじみ感じています。英語の成績はけっしてよいほうではなかったのですが、卒業したら英語を勉強しようと決め、「日本通訳養成所」に入り、英語・日本語双方への通訳等を学びました。

養成所に通いながら、ネイティブの英語に触れて少しでも上達したいとの思いで、パンアメリカン航空のクルーメンバーが宿泊していたパレスホテルの地下アーケードにあるカメラ店でアルバイトをしました。カメラや写真に関する話題がほとんどで、失敗も多々ありました。それでもパイロットやスチュワーデスたちとコミュニケーションでき

眼帯をして参加した中学校の修学旅行

た喜びは、英語をマスターしたいとの思いをいっそう強くするものでした。

「できることなら留学したい」と希望していたものの、養成所を卒業してからは、英語と関係のない仕事に就きました。職場は新たに開設されたセクションで、仕事への情熱に溢れる上司や同僚たちの中で多くのことを学び、大変充実した時間を過ごしました。しかし、5年ほど経った頃から、その後の生き方をあれこれ模索し始めるようになりました。英語へのこだわりが息を吹き返したのです。

当時アメリカにいた従兄を頼って渡米し、そこで勉強して将来はプロの通訳者として働きたい、そんな思いを抱くようになりました。その時の私に、結婚という選択肢はありませんでした。

将来のことを上司に相談したところ、上司は私の話を聞いた上で、「結婚はどう考えているのか?」と、結婚し家庭を守る、女性の幸せや役割について懇々と話すばかり。自分の考えが甘いのだろうか――。私の気持ちを分かってもらえない距離感というか、寂しさを感じたものです。

2 結婚、そして再就職

最初はとまどいつつも、子育てと仕事で忙しい日々

ちょうどその頃お見合いの話がありましたが、私は気乗りしませんでした。しかし、ご紹介いただいた方の手前お断りすることもできず、また私の両親も大変な喜びようだったので、まずはお目にかかることにしました。上司からの、結婚や女性の幸せについてのアドバイスも、少なからず影響していたのでしょう。

初めて会った夫の津田忠昭は、大変真面目な性格のように見受けられました。ただ、当時漠然と描いていたパートナーのイメージとは異なり、またこれといった接点も見つけられず、いったんはお断りしました。しかし、その後何度も電話で返事を求められ、再度会うことになりました。結局、式の段取りまで決めていた彼の熱意にほだされて承諾。夫が28歳、私は26歳でした。

お見合いからわずか2カ月で結婚、夫のことはよく分からないまま新しい生活がスタートしました。彼は自分にも他人にも大変厳しい人で、私に対しては、どちらかというと「夫に仕える妻」

を期待していたのではないでしょうか。新婚旅行のついでに、富山県高岡市にある夫の実家に立ち寄った時、それを感じました。

義母や義姉が座るのは食事の時ぐらいで、朝からかいがいしく働きます。冬は寒い北風と大雪に見舞われる富山。そんな寒さに耐えながら黙々と働く女性たちの姿を目にした私は、どちらかというと男尊女卑的な精神風土を感じずにいられませんでした。そんな母親の姿を見ながら育った人ですから、おのずと私にも同じような役割を望んでいたのかもしれません。

経済的に大変厳しい中、将来を期待され、高校時代は下宿をして東京の大学をめざしていた夫は、親の期待を裏切るまいと、ひたすら勉強に明け暮れる青春を過ごしたようです。彼の態度は、放任主義の家庭で育った私には、時に厳しすぎるようにも思え、とまどいの連続でした。

結婚してすぐに妊娠、27歳で長女が生まれました。娘が8カ月の時、厳しい家計を助ける意味もあり、夫の職場が所有する建物の管理者という立場で転居しました。家賃や水道光熱費はかからずに済みましたが、ひんぱんに訪れてくる来客への応対や、自由に外出できないということで束縛感もありました。

そうした中、入居後1年ほどして長男、そして次男と、30歳までに娘と合わせて年子で3人を出産しました。夫は相変わらず多忙で帰宅は遅く、土・日も忙しかったため、家事・育児の応援はまったく当てにできません。夫に手伝ってほしい、愚痴も聞いてもらいたい、そんな思いが募ったこともあります。しかし、甘えや頼る気持ちがあると余計に辛くなるので、それは封印し、育児と管理者の仕事に夢中で取り組みました。

とはいえ、子どもを寝かしつけてホッとすると、無性に涙がこぼれてくる時もありました。3人目の子を出産するまでは、買い物等に出かける時は、2人の子どもをベビーカーと背中に背負いながら、また、お風呂も1人を抱き、もう1人は手をつないで、体を洗ったり湯船に入れたり、なんとかこなしました。

しかし、3人となると、昼寝、食事や授乳の時間帯など三人三様の対応を強いられ、悪戦苦闘の毎日が続いたことが思い出されます。お風呂の時など、バスルームと部屋を行ったり来たりしながら、まず乳飲み子をお風呂に入れ、終わるとベッドに寝かせて湯冷ましを与えます。それから上の2人の洋服を脱がせ、体・頭を洗って洋服を着せるまで1時間ほど。私は初めから終わりまでずっと裸のままで、なんとも過酷な時間でした。2人から3人に増えた負担は、プラス1どころか、倍になったかのように思えました。

アトピーの症状が悪化、急遽実家で暮らすことに

その頃、いつも鏡台に置いてあった副腎皮質ホルモン（ステロイド）入りの軟膏を見た夫が、「これって、手放せないの？　麻薬みたいだね」と、冗談交じりに口にしたひと言に、はっと気づかされ、久しぶりに皮膚科を受診しました。

医師は、「これは横綱級の強い薬で、つけ続けると皮膚機能がダメになります。すぐ止めたほうがいいですよ」と。そして、「ただ、急に止めるとリバウンド作用があります。でも、止めても治りますから」との説明でした。

さあ、大変です。その日から軟膏をつけるのを完全に止めました。すると、皮膚の状態が日に日に悪化し始めたのです。今まで押さえつけられていた症状が一気に吹き出したのでしょう。強烈な痒みが襲ってくるので、我慢できずに掻きむしると、熱を持って赤く腫れ上がります。滲《にじ》んだ汁が固まって、顔の形相《ぎょうそう》が変わるほどでした。

とても来客に応対できるような状態ではないため、管理者の仕事は辞めました。私の両親も心配し、急遽一家で港区の実家に間借りすることに。この間、両親には心配、負担をかけましたが、妹や弟が子どもたちを可愛がってくれとても助かりました。

リバウンド作用を改善するため、専門病院をいくつか受診しましたが、どこも皆診断は同じでした。悪化した状況を診て、「あなたの場合は、ステロイドの薬を併用する以外に道はない」、つまり「治りません」ということです。「薬を止めたくて苦しんでいるのに!」と思っている私にはとても納得できません。

そんな時、父が観ていたテレビ番組で、名古屋大学附属病院の女性医師によるアトピー性皮膚炎の治療が紹介されました。さっそく電話帳を調べ、わらにもすがる思いで電話したところ、私の症状を聞いたあと、「それほど長期間薬をつけ続けたら、さぞや大変な状況でしょう。そういう方のために作った軟膏があります。すぐに来られますか」と。一抹の希望を感じ、さっそく診ていただくことにしました。

新幹線を利用するのはさすがにしんどく、夫の運転する車で名古屋の病院に向かいました。最初に受けた皮膚アレルギー反応試験（パッチテスト）検査では、計測不能の異常値が認められ、即刻入院。医師は「リバウンドを乗り越えれば、かならず快方に向かいます」と励ましてくれました。

入院中、夫が長女と長男を連れて見舞いにきてくれました。透明人間のように包帯でグルグル巻かれていた私の顔を見てびっくりした子どもたちが後ずさりしたことが、懐かしく思い出されます。

2週間後に退院し、紹介された東京の病院へ通いました。塗り薬に代わって処方された飲み薬は、よほどひどい時以外は気休め程度に服用。どこかで読んだ「人の細胞は7年で入れ替わる」との言葉を頼りに、〝負けない、掻かない、人目を気にしすぎない、バスタイムの顔マッサージ〟を心がけ、薬の世話にならない生活をめざしました。

気持ちが落ち着いたせいか、当初は火傷のようだった症状も少しずつ快方へ。やがて病院通いもなくなり、完治ではないものの、生活にほとんど支障はなくなりました。

実家で子どもたちと（皮膚病が悪化した頃）

長年苦しんだアトピー性皮膚炎を克服

30年余にわたり苦しんできたアトピー性皮膚炎、そして最後の過酷なリバウンド症状を克服して、多感な頃からのコンプレックス、また人目を気にして苦しんだそれまでの生活と、ようやく訣別できたのです。私には、それがあたかも人生の新たなスタートラインに立ったように感じられ、諦めずによかったと心の底から思ったものです。そして、それが必死の思いを貫けば道は開けるという自信へと変わりました。

ともするとへこたれそうになった私を、ともに苦しみながら支えてくれた家族や友人に深く感謝するとともに、病に苦しむ人たちの痛みがより切実に感じられるようになり、少しでも寄り添いたい、何かできることはないだろうかとの思いが深くなったように思えます。

2年後、次男が3歳に、長女が1年生になる少し前、私の皮膚の状態もだいぶ落ち着いてきた頃、千葉県松戸市にささやかな我が家を購入。長男も幼稚園に通い始め、ようやく少しホッとする時間が持てるようになりました。

と同時に、家のローンと、この先直面する子どもたちの教育費のことを考え、夫と相談し、我が家で中学生対象の英語塾を始めることにしました。近所には算数を教える公文の教室があるだけです。

「津田英語教室」として、6畳の和室にローテーブルとホワイトボードを用意し、夜6時から8時までの2時間、英語を教えました。当初は週3日間だけ。その日は早めの夕飯を済ませ、子どもたちは2階で宿題をしたり遊んだりしながら、おとなしく待っていてくれました。

通ってきた生徒たちは、たとえば「3単現のS」のような初歩的な段階でつまずいているケースがほとんどで、そうした部分をクリアすると成績が劇的に上がります。そして、「英語が好きになった」「先生から、英語だけなら名門校に行けるよと言われた」など、目を輝かせて報告してくれるのです。それを契機にますます意欲的に勉強する生徒たちの姿は、大きな喜びであり励みにもなりました。

兄弟、従兄弟がそろって通ってきたり、友だちを誘ったりして生徒数も徐々に増え、1学年を二つのクラスに分けるようになりました。当初週3回だったのがほぼ毎日に、時間も9時頃までに延びましたが、我が家の3人の子どもたちも小学生になり、心配せずに続けられました。次男が1年生になると、長男は2年生、長女が4年生。3人そろって小学校に通っていた3年間は、授業参観や保護者会、またクラスの役員や地域の活動と、あわただしい日々でした。さらに、長女が5年生の2学期から柏市の塾に通い始めると、英語教室の前後の時間帯は車で送り迎えもするようになったのです。

自宅で津田英語教室を始める

長女が中学に入ると、同じ塾に長男が、さらに翌年からは次男も通い始め、塾の送迎が毎日に。それが5年間続きましたが、夫にも協力してもらい、なんとかやり通すことができました。行きは、用意しておいたおにぎりを食べさせながら、帰りは子どもの話を聞きながら、親子ともども忙しく頑張ったことが思い出されます。

〝英語を活かして世界と関わりたい〟――その第一歩

結婚してあっという間に10年が過ぎ、ふと気がつくと、40歳がもう目の前に迫っています。なぜか「40歳」というのが私にはとても重く、今後の人生を左右する大きなターニングポイントになるかもしれないと感じられました。

3人の子育てと家事、そして英語教室と、あわただしく明け暮れてきた人生。これでよいのだろうかという意識が、知らずしらずのうちに心の奥底で渦巻いていたのかもしれません。

このまま英語教室を続けていったほうがよいのだろうか？　振り返ってみると、英語を学ぼうと決めたのは、海外のことを学び、世界の人々と仲よく理解し合えるようになりたかったからです。その実現に向けて新たな挑戦を始めるとしたら、40歳はある意味でギリギリの年齢なのではないか。そんな思いが頭から離れなくなりました。

もう一度社会に戻り、仕事をしようか。でも、再就職となれば、実際に通用する英語へとブラッシュアップ、レベルアップしなければいけない――。といって、そのための時間をゆっくり取れるような状況ではありません。

それでも私は、少しでも英語に触れようと、英字新聞を購読したり、家事をしながらテープを聴いたりしていました。40歳までの1年間はあっという間に過ぎ、長女が中学2年生、長男が6年生、次男が5年生に。そんな時、英字新聞の求人欄で、駐日クウェート大使館がスタッフを募集している記事が目に飛び込んできたのです。

これはチャンスかもしれないという思いが頭の中を駆け巡りました。そこで夫に、「もう一度社会に出たい。英語を活かす仕事に就きたい」と相談しました。彼は「人生は短いんだから、自分が思うように生きたらよい。ただし家事と子どもの教育は極力手を抜かないように」と、まずは賛成してくれました。

クウェート大使館の場所は東京の港区三田。私が卒業した区立港中学校はその裏側にあったのですが、その頃毎日目にしていた、丹下健三設計によるユニークなデザインの建物が、懐かしく思い出されました。

いきなり大使館の仕事というのは敷居が高いのではないか、そんな思いもありましたが、実家のある港区で、しかも中学生時代の思い出が詰まった場所。また、就業時間が午前9時から午後3時というのも魅力で、思い切って応募してみることにしました。

間もなく、面接試験を受けに来るようにとの連絡が届きました。半分は諦めていたので、いざ決まると、今度は「さあ、どうしよう」と不安が湧き、緊張してきます。

初めて入った大使館は、照明が抑えられているせいか少し薄暗い感じです。控え室で待つ他の応募者は、20〜30代の若い女性。やはり厳しいかもとの思いがよぎりましたが、「ベストを尽くそう！」と面接に臨みました。簡単な質問のあと、担当の外交官から応募の動機は何かと尋ねられました。

「クウェートと日本の橋渡しをするために働きたい」。あらかじめ考えていたフレーズの一つでしたが、あとで振り返ると赤面の至りというか、まるで高校の弁論大会のような受け答えです。しかも緊張のためか、いつになく大きな声を出していたようです。

結果は後日お知らせしますということでしたが、待てど暮らせど届きません。やはりダメだったかと諦めました。今度面接を受ける機会があったら、同じような発言は控えようと反省しきりでした。

ところが、それからしばらくして、採用の知らせが届いたのです。あとで分かったのですが、大使館が提示した条件に他の応募者たちは納得しなかったようです。そんなわけで、時間はかかったものの晴れて採用となり、40歳での再出発となりました。

3 大使館での仕事を通して

クウェート大使館──初の大使館業務にとまどいつつも喜びが

40歳で採用となったクウェート大使館を皮切りに、51歳までの11年間で四つの大使館、その後1年余のブランクを経て、五つ目となるエチオピア大使館も入れて57歳まで勤務しました。いずれも秘書、庶務など、主な業務内容は共通していましたが、国が違えば、ローカル・スタッフの境遇や考え方・習慣もおのずと異なってきます。しかし、歴史、宗教、文化、経済など、各国の状況について学ぶとともに、毎日外交官たちと接しながら仕事にたずさわる中で、貴重な経験を積ませていただいたと思っています。

たとえばクウェートの場合、大使も含め外交官は王族やその一族が、他の国では政権との人脈やコネで任命される場合が多く、日本のように外交官試験を受けて云々といった仕組みとはまったく異なることを知りました。また、ひとたび大使館の敷地に入るとそこは「外国」で、日本の法律は適用されません。

新任の大使が着任すると、それまで働いていた秘書やスタッフを全員辞めさせるなど、かなりのワンマンぶりを発揮したり、逆に働きやすい環境を作ってくれたりなどするので、館内の雰囲気も大きく変わります。私の経験した「大使館勤務」なるものは、外から見ていたイメージとは大いに異なるものでした。

最初のクウェート大使館では、まるで学生に戻ったような気持ちで仕事がスタートしました。すべてが未知の世界で、初めはとまどいましたが、それがまた新鮮で、毎日ワクワクしたことを覚えています。

語学の面では、幸い外交官も英語が母国語ではないので、ある意味助かりましたが、時事英語と大使館業務で必要な専門用語は、早急にマスターしなくてはなりません。朝夕の通勤電車の中でテープを聴き、仕事前や昼休みには英字新聞をかならず広げ、外交官が口にした意味不明な単語は、単語帳に書き留めて覚えるといった毎日でした。また日本の各省庁との連絡を通して、政府や各関係機関の機能についても改めて学びました。

秘書は全員日本人、ドライバーはフィリピン人と2人のパキスタン人、ガードマンは日本人、お掃除レディはフィリピン人、ティーレディは日本人。仕事で皆が一堂に会する機会こそありませんでしたが、お互い仲間同士といった連帯感がありました。特に私がオバさんだったからでしょうか、休憩時間になると、ドライバーや私の母とほぼ同年齢のティーレディは、カップを片手に私の部屋に集まるようになりました。

ドライバーたちは本国に置いてきた家族に仕送りしています。節約のため、控え室に電気釜を持ち込み、ご飯だけで済ませたりもしていました。時には仕事上の不満なども述べていましたが、故郷で待つ家族のこと、自国のおいしい料理等について話す彼らと接しているうちに、新聞やテレビのニュースを通じて抱いていた、「怖い」とか「貧しい」といった、ステレオタイプのイメージはいつしか消えていきました。

日本で就労できる人はとても幸運で、大多数の国民は貧困や格差、差別に苦しみながら大変な生活を送っていることもわかり、彼らがより身近に感じられるようになりました。

また、ティーレディは長くアメリカに住んでいたようで、子どもは向こうにいるとのこと。ある時、彼女がとても嬉しそうな顔を見せながら私の部屋に入ってきました。聞くと、「第二次世界大戦中、強制収容所に送った日系人に対して賠償金を支払うと、アメリカ議会が決定したの!」と、顔を輝かせながら教えてくれます。

彼女の英語はけっして流暢ではなく、アメリカでバリバリ働いていたというイメージではありません。多くは語りませんでしたが、おそらく家庭を守りご主人を支えてこられたのでしょう。そして異国で戦争に翻弄《ほんろう》され、差別を受けながら大変な苦労をされたにちがいありません。日系移民の方たちが経験した屈辱の歴史を、まるで私自身の身

クウェートのナショナルデー。スタッフも正装して

内が経験したかのように感じたものでした。

フィリピン大使館——理解し合う難しさとそこから見えてきたもの

クウェート大使館に勤めたのは2年ほど。その後子どもたちも中学生となり、帰宅時間が遅くなったこともあって、9時～5時で働く新たな職場、フィリピン大使館に移りました。

日本とフィリピンの関係は、歴史的にもクウェートとは大きく異なります。大使館の敷地も建物も、フィリピンに対する戦後賠償として提供されたものでした。規模も大きく、外交官や秘書、事務スタッフの大半がフィリピン人で、その数は50人ほど。それに比べて日本人スタッフは各部に1人いるかいないかで、全部合わせても5人に満たなかったように記憶しています。

私が配属された商務部は、2人のボスと5人ほどの若いフィリピン人スタッフがいて、毎日フィリピン英語とタガログ語が飛び交う、にぎやかなオフィスでした。フィリピン人スタッフは、日本語の会話はほぼ理解できましたが、書類を読んだり文章を書くのは不得手。私に期待されたのは、英語・日本語双方への翻訳作業、そして各省庁との打ち合わせなどでした。

加えて、本国から各分野のデレゲーション（派遣団）が訪日する際は、表敬訪問や会社訪問などのスケジューリング、ホテルの予約やアクセスマップの作成などの準備をします。

フィリピンからは自動車、食料、鉄鋼等、さまざまな分野のデレゲーションがひんぱんに来日します。それに加え、各種のフェアに参加する複数のグループが同時に来日する時などはテンヤワンヤ。しかも多くの場合、デレゲーションに同行しての通訳業務も加わるため、オフィスにいる時間がほとんどないような状況でした。

こうした仕事を通して鍛えられたのでしょうか、フィリピン人とか日本人といった違いはほとんど気にならなくなり、フィリピン英語もすんなり耳に入ってくるようになりました。ただ、国民性の違いによる思わぬリアクションについカッときて、「どうしてそうなるのか理解できない。だからダメなのよね」などといった思いを抱き、外国人と理解し合う難しさ、また自身の許容力についてなど、考えさせられることも多々ありました。

こちらの物差しだけを基準にしていては違いが理解できず、衝突が避けられなくなります。大切なのは、相手を受け入れる余裕を持ち、その上でこちらの考えをきちんと伝えられるかどうか。そこに歩み寄りが生まれ、初めて双方が理解できるようになるのです。そうした中で自身の器の小ささに気づかされると同時に、物事をはっきりと解りやすく伝える難しさを学んだように思います。

フィリピン大使館商務部。やればやるほど増える仕事

ブリティッシュ・カウンシルでクイーンズ・イングリッシュに触れる

次の職場はブリティッシュ・カウンシル（British Council）でした。ブリティッシュ・カウンシルは、チャールズ皇太子が代表を務めるイギリスの慈善団体です。同国の英語や文化を広く伝え、また留学の際、最初の関門となるＩＥＬＴＳ語学試験の講習および実施機関として、世界各国に拠点を置いています。

日本ではイギリス大使館文化部に所属し、スタッフの半分以上がイギリス人。日本人スタッフも、その大半は留学経験者か長年イギリスに滞在していた人たちで、キャリアレディと呼ばれる女性たちが多く在籍する職場でした。英語圏の国に留学した経験もなく、そして毎朝子どもたちのお弁当を用意し、終わると夕食のことを考えながらさっさと帰宅する私は、そんな彼らの中では少し異色の存在だったようです。

イギリス人は、自分たちの話すクイーンズ・イングリッシュこそが正当な英語であるというプライドを持っており、アメリカ英語を下に見ています。また、イギリス国内では、教育を受けた人が話す英語と、そうではない人、たとえば労働者の英語とは異なるので、話し方でバックグラウンドが分かるというのです。そんな違いや基本的なしきたりも知らなかった私は当初、とまどうことばかりでした。

また、入社後すぐ1人に1台PCが提供されました。それまでのタイプライターやワープロに代えて、ワードやメールを操作するようにとのことでした。昼休みになると、PCに詳しいイギリス人スタッフが講師となり、グループに分かれて1週間ずつ、基本的な操作を教えてくれました。そして「分からないことがあったら、これを参考に」と、4〜5センチほどもある分厚い英文マニュアルを置いていきました。もう待ったなしの状況に「やるっきゃない」と腹をくくり、初めは同僚に助けてもらいながらPCによる日常業務を何とかこなします。

また、イギリス独特の言い回しも覚えていきました。ボスからフライトの予約を依頼された時のこと。彼は「sardine（＝イワシ）class」と言ったのですが、初めて聞く表現に、私は意味が分からないまま「イエス」と答えていました。すぐにイギリス人の同僚に尋ねると、「イワシの缶詰を想像してみて。ぎっしり詰まっているでしょ」と、笑いながら教えてくれました。それで、エコノミークラスのことだと知ったのです。

こんなドタバタを繰り返す日々でしたが、少しずつ仕事に慣れてきた頃、翻訳の仕事が回ってくるようになりました。なぜだろうと思いましたが、留学経験を持つ若いスタッフは、英語は流暢でも日本語が得意でなかったりするのです。

パンフレットや上司が書くレターは、商業的な内容や通達文などさ

ブリティッシュ・カウンシル

まざまでしたが、その趣旨に沿った語彙《ごい》や敬語を使った翻訳が望まれます。その点〝年の功〟の強みでしょうか、読み手を意識した日本語への翻訳は、私にとってさほど難しいものではありませんでした。

特別に勉強したわけではありませんが、こうして、翻訳が毎日の仕事の中心になってきたのです。ただ、ＩＥＬＴＳ語学試験の受験生を対象とした英語教室が開かれる日は、教室が終わる夜の9時近くまで事務スタッフが交代で残らなければなりません。その場合は帰宅が10時過ぎになるため、自分の体力や家族への負担を考え悩みました。

ネパール大使館――開発途上国の実情、課題に接して

ちょうどその頃、ネパール大使館で大使秘書として働いていた友人が留学することになり、帰ってくるまで代わりに働いてくれないかとの話が来ました。そこで、当時の大使が任期を終えるまでの2年間、ネパール大使館で働くことにしました。

当時は、私を含めて女性スタッフ3人、大使と外交官2人の小ぢんまりした大使館でした。私が担当したのは、大使や外交官から依頼される庶務的な仕事、また翻訳業務など。ネパールで活動している日本のＮＧＯや個人の方たちからも、大使館また大使宛に多くの手紙やレポートが届くのですが、それらを翻訳する機会が多いことに気づきました。

そこで、こうした活動に取り組んでいる人たちの情報を分野ごとにまとめ、きちんとファイリングしておけば、独立記念日など大使館主催の行事に彼らを招待し、大使に直接報告してもらうことも容易になるのでは——そんなことを考えるようになりました。さっそく大使に提案したところ喜んでくれ、その作業に着手しました。

始めてみて驚いたのは、その数の多さです。内容も、学校を建てたり文房具を定期的に届けたりといった教育分野の支援、農業などの技術支援、旅行分野などさまざま。

なかには、「当初は〝国際NGO団体〟を通して子どもたちを支援していたが、現地を訪問してみると、支援金の多くは団体の運営に使われ、現地に還元されている金額はごく限られていることを知って驚いた。ならばということで、個人で活動を始めました」と話す元小学校校長もいました。

ビザ取得の手続きで大使館に来られるそうした方々から、現地の状況や活動内容について直接お話をうかがいながらファイリングを進めていきましたが、その仕事を通して、ネパールの現状がより鮮明に見えてきました。

また、より多くの日本人観光客をネパールに呼び込みたいということで、日本の観光業界レポーターや大手旅行会社のスタッフ、日本で旅行会社を経営するネパール人など5人をネパールに招待する企画が

ネパール大使館。デレゲーションに随行

あり、大使館側の一員として同行したことがあります。おかげで、ネパールの観光スポット、国立公園などを訪問する機会に恵まれました。

40歳から51歳まで11年間にわたり、国情がそれぞれまったく異なる4カ国の大使館での勤務は、各国の歴史や文化、国民性などを知る貴重な機会となりました。また、各大使館で求められた仕事を、とまどいながらも必死で学ぶ場でもありました。そして、こうした経験を踏まえながら、世界の情勢についてもう一度きちんと勉強したいと考えるようになったのです。

テンプル大学日本校で国際問題・環境問題の現実を学ぶ

英語だけでなく、国際問題についてもきちんと学ぶ必要を感じ始めていた私は、どうすればその道筋を見つけられるかといったことにいつも思いを巡らせていました。そうした中で知ったのが東京・港区にあるテンプル大学日本校です。テンプル大学は、アメリカのペンシルベニア州フィラデルフィアにある1884年創立の州立総合大学で、日本校が設けられたのは1982年。

この大学には、希望する社会人に対して、一定レベルの英語をクリアしてさえいれば、学生と一緒に授業や試験を受けることができ、その評価もしてもらえるシステムがありました。私もさっそく登録し、「ワールド・イシュー（国際問題）」と「環境問題」のコースを取りました。2000年頃のことです。

なかでも、「ワールド・イシュー」のコースはユニークで、フィラデルフィアの本校から教えに来ていた若い教師が、「南アのエイズ問題」「イスラエルとパレスチナ」「ミャンマーの人権問題」「共産主義体制下での中国における経済の自由化」などの課題を出し、受講する側がそれについてネット等で調べた上で授業に臨むというスタイルでした。

授業はすべて英語でおこなわれるため、分からない単語も多く、教師の話を理解しポイントをノートするだけでも大変でした。しかも、調べた内容について、一人ひとり意見を述べなくてはなりません。

しかし、新聞やテレビのニュースだけでは知り得ない、各国が抱える問題の本質に深く関わることを学べたのは大きな成果でした。そうした問題が生まれるまでの歴史的な経緯、例えばアフリカであれば、ヨーロッパ列強の植民地政策が大きく影を落としていることを、改めて知りました。

ある授業で、『アルジェの戦い』という、1962年までフランスの植民地だった北アフリカのアルジェリアで、独立を勝ち取るために戦い続ける人々を描いたドキュメンタリータッチの映画を鑑賞したことがあります。その中に、女性の戦士が体に爆弾を巻きつけて検問所を通り抜けるというシーンがありました。このところ中近東やヨーロッパ各地で頻発している自爆テロが、当時からすでに繰り返されていたのです。

また、パレスチナ人とイスラエル人との争いも、その実態はまるで大人と子どもが戦っているようなものであることを知りました。イスラエルは近代兵器を駆使していますが、パレスチナの人々はそれに投石で立ち向かっているのです。そうした現実を踏まえつつ、現在のパレスチナ問題に対する解決策を各自が提示するよう求められるなど、大変興味深い、同時にスリリングな授業でもありました。

また、「環境問題」の授業では、地球温暖化や、人口の爆発的な増加に伴う環境の激変といった問題が素材でした。地球の誕生から1900年代初頭まで、何十万年にも及ぶ地球環境の変化と、産業革命以後今日まで、わずか250年ほどの間に起こった変化について学ぶ中で、近未来に対する危機感を抱きました。

こうした授業を通して、開発途上国の抱える問題、人権侵害や経済格差など南北問題の影響、さらに環境の変化がアフリカその他多くの国で砂漠化や食糧危機をいっそう深刻化させている実態について学んだことが、そののちの私自身の行動、さらには生き方にまで大きな影響を与えました。そのときは予想もしていませんでしたが、人生の不思議を感じます。

4 エチオピア大使館に勤めアフリカの実像に触れる

思いもよらなかったエチオピア大使館勤務

勉強を始めて1年が過ぎ、若い学生たちと一緒に学ぶ喜びを満喫していた頃、以前ネパール大使館に勤務していた時にお会いし、エチオピア大使と懇意にされていた方から、「エチオピア大使が、秘書業務の経験を持つスタッフを探しておられるので、津田さんを推薦しておきました」との連絡をいただきました。

これ以上仕事を続ける意思のなかった私は、どうしようかと一瞬迷いましたが、あっさりお断りするのもどうかと思い直しました。「まずは大使にお会いしてほしい」とのことでしたので、とりあえずお目にかかり、その時に「もう少し勉強を続けたい」という気持ちをお伝えしようと決めて、大使館に向かいました。

最初の筆記試験では、英語で書かれたエチオピアに関する説明文を和訳するようにとのことで、これはすらすらと回答できました。そのあとは外交官との面接です。私は、「まだ勉強を続けたいので、週2〜3日しか勤務できない」と話したのですが、外交官は「週3日でいいので、働いてほしい」と言われ、予想に反して採用されることになりました。

それでも私自身は、次の方が採用されるまでのつなぎと、勝手に決めていました。ところが、実際の仕事を通してエチオピアについて学ぶうちに、「ワンダーランド」の異名を持つこの国の長い歴史、多様で奥深い魅力に少しずつ引き込まれていったのです。1年たった頃、新しい大使の着任に合わせて、「毎日勤務してほしい」と要望されると、快く引き受けていました。

テンプル大学には結局2年間在籍。後半の1年間は、授業が大使館勤務と重なった場合は許可をいただき、大使館から自転車で通いました。

エチオピア大使館が出展したイベント会場で外交官と

2002年、初めてエチオピアを訪問

日本人スタッフは、受付と査証部（ビザの発給業務）を担当する女性と私の2人だけです。エチオピアに関する問い合わせ、外務省や関係企業からの連絡はほとんど私に回ってきました。

観光スポットや、主要輸出品目のコーヒーについて、まったく知識がなかった私は、観光パンフレットや資料を読んだり、そのつど担当外交官に尋ねるほかなく、心もとないスタートでした。それでも、少しずつ見えてきたエチオピアは、大変古い歴史があること、アフリカで植民地支配をまぬかれた唯一の国であり、日本との縁も深いことなどが分かってきました。

そのうち、大使館のスタッフとして同国のことをもっと知りたいとの思いがつのり、休暇を取って2002年9月に訪問しました。エチオピアは世界最貧国の一つですが、首都アディスアベバのメイン通りボレストリートには、ゆったりした懐かしい雰囲気が漂っていました。日本で見かけるような八百屋や家具屋などの小売店が並び、ひとりで歩いても危険を感じるようなことはありません。

ただ、ひとりで街を歩くと、子どもたちがゾロゾロついてきてお金を要求する、乗っていたタクシーが止まるたびに開けた窓から物乞いの手が伸びてくる、また母親が路上に座り込み、その幼な子が通りがかりの人にまとわりついて無心する、といった光景にはひんぱんに出くわしました。アフリカのことをよく知っている人なら、「あっ、またか」と無視するところでしょうが、初体験の私には驚きの連続。おそらく地方での生活が苦しく、都会に出てきた人たちだったのではないかと思いますが、当時はそんな事情もよく理解できず、ある意味すべてが新鮮でした。

また、アディスアベバの300キロ北西にある、エチオピア最大の湖でナイル川の源流でもあるタナ湖は印象的でした。パピルスのボートを上手に操る姿や、湖の水がナイル川に勢いよく流れ落ちるティシサットの滝（「炎の滝」とも）で煙のような水しぶきが立ち昇るのを目にした時は、数千年来の姿をとどめる大自然に包まれているような感動を覚えました。

　また、車窓から町の様子やそこに暮らす人々の姿を見ていると、まるでタイムスリップしたかのような不思議な感覚に襲われ、エチオピアの奥深い魅力に触れることができたように思います。

　日本人はともすると、遠い、貧しい、疫病といった負のイメージでアフリカを見がちですが、それはメディアの報道がもたらしたとも言われています。逆に、アフリカ各国の固有の文化や魅力については、ほとんど知らされてこなかったのではないでしょうか。そういう私も、大使館に勤務するまではまったく関心がありませんでした。しかし、エチオピアの豊かな大地、文化、人々にめぐり会えたことに今では深く感謝しています。

ナイル川源流のタナ湖から流れ落ちるティシサットの滝

世界的な「コーヒー危機」がエチオピアの経済を直撃

　そのエチオピアが深刻な経済危機に見舞われたことがあります。2000年頃からコーヒー豆の国際価格が急落し、コーヒーが主要産品であるエチオピアも大きなダメージを受けました。

03年に入ると、在日大使館でも「コーヒー危機」についてひんぱんに語られるようになります。京都大学大学院農学研究科で開催されたセミナーには、大使がパネラーとして招かれました。パネラーの1人は、「国際価格の下落を招いた要因は、価格の均衡を保っていたシステムの廃止、また新たな生産国の台頭などで……」と、コーヒー産業の歴史や見通しについて言及していました。通訳として大使に同行していた私も、こうした機会を通じて、コーヒー危機の背景や構造について徐々に理解し始めるようになります。

セミナーの最後に登壇した大使は、エチオピア国内のコーヒー生産地、また農民の様子について、「ただでさえ貧しい農民たちは、価格の下落により収入が激減。子どもたちに満足に食事を与えることができず、学校に通わせるのも厳しい状況にある。何百年間守り育ててきたコーヒーの栽培を放棄し、興奮剤となるチャットの栽培に切り替える農家も出ている」と訴えました。そして、「このような惨事を繰り返さないためにも、最低価格を保証する『フェアトレード』で、エチオピアのコーヒーを、そして農民を支援してほしい」と結びました。

エチオピアは、コーヒー危機の影響をもろに受けました。コーヒー産業には当時、全労働者の6割が従事。総輸出額の半分以上をコーヒー生豆《きまめ》が占めていたため貿易収入が大幅に減り、国として壊滅的な状況におちいっていたのです。

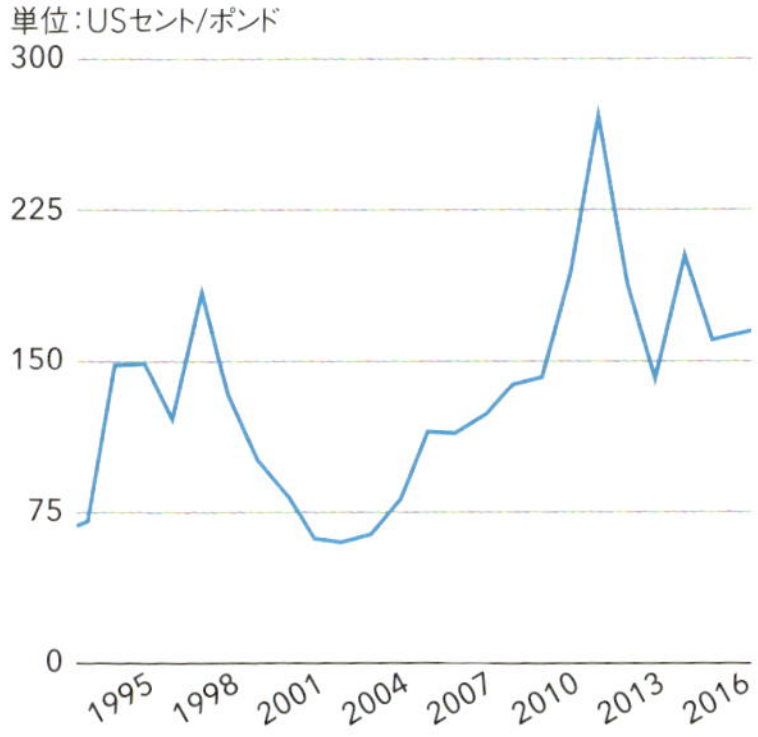

コーヒー豆の価格推移（2000-05の大暴落）
「世界経済のネタ帳」より

大使も外交官も、商社や輸入業者などコーヒー関係者を廻り、エチオピア産モカコーヒーのプロモーションに必死でした。お酒にランクがあるのと同様、プレミアム・レベルのモカコーヒーはそれ相当の価格で取引きされるべきである、積極的に買ってほしいと訴えていました。

大使の通訳として同行しながら、日本の消費者の多くがこうした状況についてほとんど知らない現実、またカフェや喫茶店でのコーヒーの値段も以前と同じといった、生産地と消費者間の大きな隔たりや矛盾に私は憤りを感じていました。そして、コーヒー農民の窮状を思うにつけ、何か自分にできることはないだろうかと考え始めていたのです。

エチオピア有数のコーヒー栽培地イルガチェフェで出会った貧しいコーヒー農民

農民たちが暮らす家（ハット）

2章

アフリカ支援の第一歩は
「コーヒー」

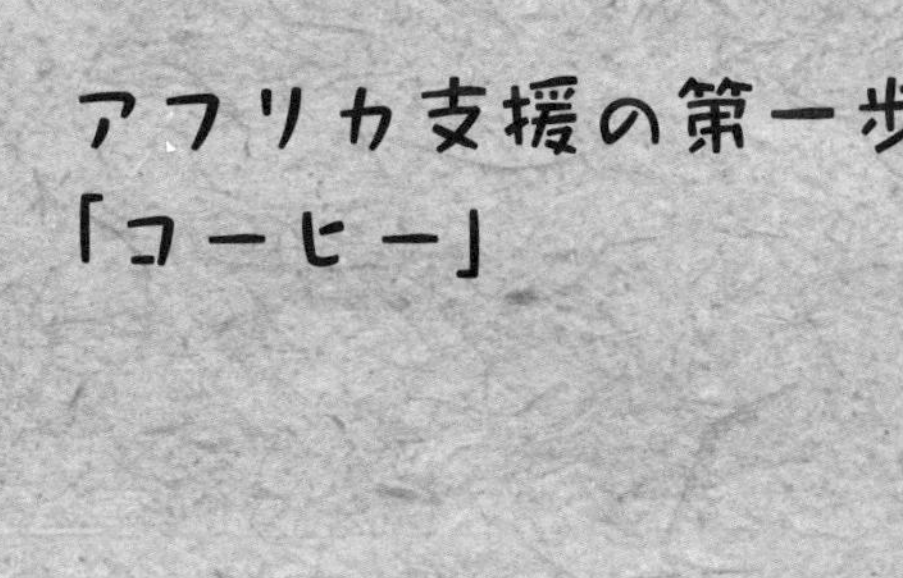

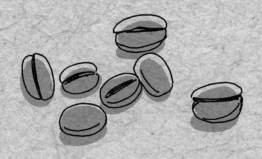

1 まずはNPO法人の設立から

〝エチオピアのコーヒー農民支援〟を掲げて

2004年頃から、エチオピア大使館に勤務しながらではありましたが、「苦難のどん底にある」同国のコーヒー農民を支援したいとの思いを抱き始めます。

諸先輩のアドバイスもあり、今後の活動を考えた時、個人としてよりも「特定非営利活動法人（NPO法人）」として活動したほうがよいということになりました。NPO法人なら事業実績や収支の公開が義務づけられているので、公益性をはっきり示すことができますし、活動の輪もより大きく広げられると考えたからです。

夫に相談すると、「大賛成。今は職場で責任ある立場だから一緒に動く時間はないけれど、できる限り応援するよ」と言ってくれました。また、長年の友人である越智明子さんが一緒に活動してくれることになり、まずは、それぞれの友人や身内に呼びかけ、法人設立の認可取得の準備に取りかかりました。

こうした分野はまったくの素人なので、私にとってはとまどうことばかり。設立の申請手続きのために訪れた東京都庁では、「コーヒーを販売するなら、有限会社か株式会社にしたらどうですか」と助言されたこともあります。行くたびに交代している担当者からそれぞれ異なる指摘を受け、そのつど書類の書き直しを繰り返すなどしたため、かなり手間取りました。

2005年7月、NPO法人ハーベストタイムを設立

こうして2005年7月、設立総会を開催し、ようやく東京都から「NPO法人ハーベストタイム（通称HAT）」の設立認可が下りました。

ちなみに、「ハーベストタイム（Harvest time）」とは、英語で「収穫期」のこと。エチオピアのコーヒー栽培地の山々では毎年、コーヒーの木の葉の付け根に、ジャスミンを思わせる爽やかな香りの可憐な白い花が重なり合うようにして咲きます。そして桜のようにあっという間に散るのです。

やがて、グリーンのコーヒー豆が枝にたわわに実り、それが熟すると真っ赤になります（サクランボのように見えるので「コー

手摘みでコーヒーチェリーを収穫

ヒーチェリー」と呼ばれる)。熟した実は、皮は少し硬いものの、サクランボに似た甘酸っぱい味がします。この時を待って、コーヒー農家は大人も子どもも家族総出で、実を一つずつ手で摘んでいきます。収穫を喜ぶ彼らの姿を思い浮かべながら、1年で最も華やぐこの「収穫期」を団体名にしました。

法人事務所は私の実家(東京都港区)に置きました。設立目的は、「フェアトレード(公正な貿易)・コーヒーの販売により現地農民のコーヒー生産維持に寄与する」というものです。

まず、コーヒーのフェアトレードについて、コーヒー輸入業者の方など、関係者から話を聞くことから始めました。コーヒーのフェアトレードには、生産者から直接、適正価格で輸入する方式などさまざまなやり方がありますが、私たちは、自分たちの力量を踏まえ、「FLO認証」コーヒーを取り扱う方式を選びました。

〔注〕「FLO認証」とは、「国際フェアトレードラベル機構(FLO)」が定めた基準を、現地の生産者組合や輸入業者など、それぞれが順守するときに与えられる認証のこと。輸入業者はFLOとの取り決めにより、生産者組合から生豆を適正価格(市場価格が下がっても最低価格を保証する)で買い取る。生産者組合がその利益を農民に還元することで生産の持続が可能になるというシステム。これが、フェアトレード・コーヒー(生豆)として扱われる。

日本国内でフェアトレード・コーヒーを加工・販売する場合は、業者としてFLOの認証を受ける必要があり、取引額に応じてライセンス料を支払い、コーヒーに認証ラベルを貼付して販売する。

ＨＡＴは、ＦＬＯの販売業者として登録しましたが、残念ながら日本に輸入されるフェアトレード・コーヒーの種類はほんのわずかしかありません。そこで、他種のコーヒーも扱い、その販売収益もすべてコーヒー農民の支援に充てることにしました。

農民直接支援の原資を継続的に確保するために

活動の原資は、①ＨＡＴの年会費・寄付金と②収益事業。多くの方においしいコーヒーを飲んでいただきながら活動に参加してほしいと考え、会員には年会費として一口３０００円を払ってもらい、特典として会員価格でコーヒーを販売しました。身内や友人に声をかけたり、コーヒー好きの方たちにお願いして、会員の数は個人・法人合わせて90ほどになりました。

同時に、法人運営に関わる経費の節減に努めました。法人役員は私も含め全員無報酬。監事には公認会計士の網谷喜広さんになっていただきました。網谷さんは毎年の決算書や確定申告書の作成もしてくださり、２０１４年の法人解散（後述）手続きに至るまで、大変お世話になりました。

もう一つの収入の柱は、収益事業（コーヒー販売）です。

日本に流通しているコーヒーの原種は、アラビカ種とロブスタ種の二つです。酸味が強く、花のような甘い香りを持つのがアラビカ種。おなじみのモカ、キリマンジャロ、ブラジル、コロンビア、グァテマラ、マンデリン、ブルーマウンテン等はすべてこちらに属していますが、気候の影響を受けやすく、病気や害虫に弱いという欠点があります。

一方、ロブスタ種は苦みが強いため、アラビカ種とブレンドして、主に缶コーヒーやインスタントコーヒーに使われます。低地でも栽培され、病害虫に強いのが長所です。

コーヒーはもともとエチオピアが原産地。ただ、内陸国のため、生豆は紅海の対岸にある国イエメンのモカ港から積み出し、それが世界に広がりました。エチオピア産のコーヒーをモカと呼ぶのはそのためです。ただ、ひと口にモカコーヒーといっても、ハラー、イルガチェフェ、シダモなど、産地によって風味や香りが異なります。

コーヒーチェリーが赤く色づくのを待って収穫する

エチオピアの伝統文化「コーヒーセレモニー」

また2009年以降は、エチオピアの南にあるマラウィやルワンダの栽培地も訪問し、そこで作られているコーヒーの紹介も始めました。HATのコーヒーはブレンドではなく100%ピュア・コーヒーですが、これはそのおいしさを知っていただきたいとの思いからです。HATのスローガン「美味しいコーヒーの1杯で、アフリカ農民支援」も、そのことに由来しています。

なお、焙煎《ばいせん》は、千葉県柏市の自家焙煎店コーヒーローストスタジオの成瀬茂彦さんに委託しました。成瀬さんはHATの目的を理解され、良心的な手数料で引き受けていただいています。

2006年1月、定年退職した夫が全面協力を宣言

翌2006年1月、本格的な活動がスタートし始めた頃、定年退職した夫が、「今まで大変苦労をかけた。これからは全面的に支えていきたい」と、NPO法人の事務とコーヒー販売業務を引き受けてくれることになりました。

さっそく、夫の友人・飯塚達也さんが我が家に来られて販売管理・会員管理システムを作成してくださり、続いて飯塚さんの友人でIT会社を経営されている横矢充彦さんが、本格的なホームページとWEBサイト注文システムを立ち上げてくださいました。ささやかな手作りから、コーヒーの通信販売も可能な、本格的なものへと一気にレベルアップしたホームページは、以後HATの折々の活動の紹介、またコーヒー販売など、多くの皆様とつながる、なくてはならないツ

ールとなっています。

　皆様の真心の応援でインフラが整い、会員の拡大とコーヒー販売に本格的に取り組んだ結果、年によって変動はありますが、年50万～100万円ほどの収益を農民の直接支援に充てることができました。また、ボランティアの皆さんに支えられ、「グローバルフェスタ」や「アフリカンフェスタ」、また「みなと区民まつり」などにも毎年出展し、多くの市民にHATの活動を知っていただくとともに、コーヒー販売でまとまった収益を得ることができました。

　なお、同じ年の秋、実家の母の看病もあり、エチオピア大使館を退職しました。後任者も決まったとのことでしたし、HATの活動もようやく軌道に乗り始めたところで、いいタイミングでした。

みなと区民まつりに出展（港区芝公園一帯）

にぎやかなHATのブース（グローバルフェスタ・日比谷公園）

2 エチオピアのコーヒー生産地イルガチェフェを訪問

イルガチェフェを訪問した最初の日本人女性に！

大使館に勤務していた2006年2月、休暇を取り、エチオピアの代表的なコーヒー栽培地イルガチェフェのコーヒー農民に会うため、HATの理事・越智明子さんとともに現地を訪問しました。

訪問が実現したのは、その1カ月前、折から来日していた同国最大のコーヒー農協＝オロミヤコーヒー生産者組合タデッセ・メスケラ代表と、東京で夕食をともにする機会に恵まれたのがきっかけです。その時「エチオピアに来られたら、いつでもコーヒー生産地をご案内しますよ」との言葉をいただき、それではと即座に決めたのでした。

タデッセ代表が紹介してくれたのは、首都アディスアベバから車で7時間ほど南に下った、ケニア国境に近いイルガチェフェです。アディスアベバを朝6時に車で出発し、朝食と昼食で止まった以外は、雄大な景色を眺めながらひたすら南へ南へと、大地溝帯に沿った国道を走り続けました。

イルガチェフェに到着したのは午後2時過ぎ。待っていた組合のスタッフとともに山の中へ入っていきました。コーヒーの栽培に最適な気候風土に恵まれているエチオピア南部では、山に群生するコーヒーの木々を、そこに住む農民たちが数百年にわたり大切に守り育てています。それが、新たに開墾して栽培するコーヒー農園と大きく異なる点です。

山道を進んでいくと、点在する家々から子どもたちが「ファランチェ（外国人）！　ファランチェ！」と叫びながら飛び出してきました。東洋人の女性を見るのは初めてなのでしょう。私たちの後ろからゾロゾロついてくる彼らは人見知りもせず、大きな目をくりくりさせながら近寄ってきて、手をつないだり触ったりしながら、屈託のない笑みを投げかけてきます。

組合のスタッフは、まず山の中の小学校に案内してくれました。教室が三つ並ぶ長屋のような感じの建物ですが、教室には机やイスはなく、また外にも遊具などまったくありません。子どもたちの衣服は汚れていたり破けていたり。小さな子の多くは下着もズボンも履かずに、裸足で飛び回っていました。

また、途中の山道では、煮炊き用の薪《たきぎ》を山ほど背負った、小・中学生くらいと思われる女の子をよく見かけました。大人の女性たちも、体より大きな薪や作物を背中にかついでいます。まるで荷物が歩いているように見える後ろ姿を、いたる所で目にしました。

彼らの住居は、ハットと呼ばれる円形の小さなわら葺き屋根の家。家族全員どうやって暮らしているのだろうと思われるほどの狭い空間しかありません。家具もほとんどないので、シンプルといえばシンプルなのですが……。

経済的に余裕のない彼らは、悪天候による収穫量の激減や、逆に豊作でも、当時はコーヒー市場に関する情報を入手できなかったため、仲買人の不当な買い付け価格を受け入れるほかなく、いつまでも貧困から抜け出せずにいるようです。

イルガチェフェを訪問した最初の日本人女性に

コーヒー栽培地では、子どもたちも大人を手伝う

HATにできる支援は何か?

教育や医療施設など、基本的な生活環境が整っていない山間地域での暮らしぶりは、想像よりはるかに厳しいものに見えました。

私たちが訪問したのはコーヒー生豆の収穫後。その時期に稼働するウォッシングステーション（生豆の加工法には、手摘み後①そのまま天日で干し実を腐らせて種を取る「ナチュラル加工」と、②水の勢いでチェリーから種を取り出す「ウォッシング加工」の二つあるが、②で用いる水槽設備のこと）や乾燥棚が並ぶ、広々として日当たりのよい斜面に案内されました。空は高く、コーヒーの木々が周りに生い茂り、ロバや馬がのんびりと草を食《は》んでいるのが印象的でした。

同行した組合のスタッフは、生豆加工の作業手順をジェスチャーを交えながら丁寧に説明してくれました。その姿からコーヒーへの深い愛情、愛着が伝わってきます。モカコーヒーが好きな日本人は多くいても、彼ら生産者のこうした思いや生活状況を知る人はけっして多くはないはずで、日本に帰ったらそのことをぜひ訴えたいと思いました。

さらに分かってきたのは、山には井戸や水道がなく、また電気も通じていないということです。ウォッシングステーション用の水は、発電機でポンプを回し少し先の川から引いてくるとのことでしたが、日々の生活用水は水源から運ばなくてはなりません。水を入れるプラスチック容器（日本では灯油を入れるのに使われている）を持って、山道を歩く子どもや大人をよく見かけました。麓《ふもと》の水源まで「行きはよいよい、帰りは怖い（いや、重たい！）」です。

イルガチェフェでは、生まれて初めて漆黒《しっこく》の闇を体験しました。宿泊した麓のホテルから見た夜の山は、ただただ真っ暗。たまたまその晩は強風で、木々が大きく揺れていたのでしょう、山全体がゴォゴォと音を立て、大きな生き物が騒いでいるかのような恐怖感に襲われます。昼間出

山の斜面一帯に広がる生豆の乾燥棚

各集落の代表が集まる会議に遭遇

女性たちが働く生豆の選別所

会った子どもたちや農民はどんな気持ちで眠っているのだろうかと考えると、なかなか寝つけませんでした。

翌日午前中に山を発ちアディスアベバに向かいましたが、イルガチェフェで出迎えてくれた子どもたちの笑顔と、訪ねた学校に何ひとつ遊具がなかったこととが重なり合い、何かプレゼントしたいと考えました。

アディスアベバに着いたその足で、何軒か店を訪ね、やっとの思いでサッカーボール30個を購入。山には学校が3校あるとのことだったので、それぞれの学校へサッカーボールを10個ずつ渡してほしいと、オロミヤコーヒー生産者組合の事務所に持参し、お願いしました。後日タデッセ代表から、子どもたちの笑顔の写真が送られてきました。

3つの小学校にサッカーボールをプレゼント

ボールで遊ぶ子どもたち

3 松戸市と共同で、再生自転車113台をエチオピアに寄贈

作物や病人を運ぶ手段として

帰国後、イルガチェフェの山でコーヒー豆や薪など大きな荷物を背中にかついでいた女性たちの姿を思い出しました。彼女たちの背中に代わる運搬手段が何かないだろうか――それで思いついたのが、私の住む松戸市の広報誌に掲載されていた放置自転車のことです。そうだ、放置自転車を整備してエチオピアに贈ればいいと。

さっそく市にお願いしたところ、翌年（2007年）3月、HATへの授与が決定。手続きを済ませた7月、再生した中古自転車113台に予備のタイヤと部品、リペアキット等をそろえ、横浜港から出港しました。輸送費はHATの負担です。2カ月ほどのち、コンテナが到着し、現地での贈呈式に参加するため、夫とともにエチオピアへ出発しました。

「今度はオートバイを！」の言葉に違和感

当初はイルガチェフェのコーヒー農民たちに贈る予定でしたが、組合から「アディスアベバからの長距離運搬は困難」との知らせが届きました。それではと、エチオピア国内のＮＧＯ団体と協議し、ズワイデュグダ（アディスアベバから南に１７０キロ）とシャシェメネ（同２４０キロ）の２カ所に贈ることになりました。

ズワイデュグダは、森林伐採による砂漠化と水質汚染が深刻な地域で、各村の長老や農民リーダーなど約２００人が、そこからまた車でさらに３時間南に下ったシャシェメネでは、１００人ほどの関係者が待っていました。歩くよりほか術《すべ》のない彼らが、自転車で活動範囲が広がる、またより多くの農作物を運搬できることで感じる喜びはさぞやと思われ、本当によかったと胸をなで下ろしました。

ところが、シャシェメネの会場で、終了間際にひとりの青年から出た「次はオートバイを持ってきてほしい」とのひと言に少なからず違和感を覚えました。寄贈による支援はかえって安易な期待感と依頼心を高めるのではないだろうかとの思いがよぎったのです。それは、数年後に開始する、ルワンダでの「バナナペーパーが仕事をつくる」活動への導火線ともなっていきました。

50キロもある生豆を山の集積場に運ぶ女性

松戸市と共同で再生自転車をエチオピアに（大使と市長）

自転車贈呈式（ズワイデュグダ）に夫と参加

4 〝千の丘の国〟ルワンダを訪問

コーヒーを求めルワンダ、そしてマラウィへ

　2008年、今後の支援活動について、現地のNGOと話し合っていた矢先、エチオピア産のコーヒー生豆から残留農薬が検出されたとのニュースが入ってきました。やがて全量検査となり、基準値を超えた場合は、同国からの生豆は船ごと帰されるという厳しい状況となりました。多大な損失をこうむることを恐れた商社や輸入会社は、モカコーヒーの日本への入荷を徐々に減らし、ついに日本の市場からほぼ全面的に姿を消してしまいます。

　モカコーヒーが入ってこないとなると、同国のコーヒー農民の支援を掲げてスタートしたHATにとっても大変な事態です。コーヒーの販売がかなわないとなれば、活動そのものを見直さなければなりません。悩んだ末に、同国のモカコーヒーの輸入が再開されるまで、同じ東アフリカにあって、コーヒー栽培で国家経済を立て直そうとしていたルワンダとマラウィへの支援に取り組むことを決めました。

そのルワンダを夫とともに訪れたのは2008年11月。日本人にはあまりなじみのないルワンダですが、国際社会では一時期、大きく報じられたことがあります。

〔注〕1962年、ベルギーの委任統治に終止符が打たれ独立を果たしたルワンダでは、以前からくすぶっていたフツ族とツチ族の関係が悪化し始めた。そして、94年、80万～100万人ほどのツチ族と一部のフツ族が、わずか1カ月ほどの間にフツ族によって虐殺される大悲劇＝ジェノサイドが起こった。同国の総人口は当時約739万人だったので、これは驚くべき数字である。

大学のキャンパスや教会までもが殺戮《さつりく》の場となり、多くのツチ族が国外へ逃亡したため政府機能は完全にマヒ、国は崩壊状態におちいった。その後、隣国ウガンダで反政府ゲリラ活動をしていたルワンダ愛国戦線（RPF）の最高指導者ポール・カガメ（現大統領）が、ツチ族の保護を名目にルワンダ全土を制圧し、ジェノサイドは終結。カガメは2000年に暫定政権下での大統領に、そして03年、ジェノサイド後初めての選挙で大統領に選出され、現在に至っている。

さて、08年当時はルワンダに日本大使館が開設されていなかったため、東京のJICA（独立行政法人国際協力機構）本部に連絡して、首都キガリにある事務所の担当者を紹介してもらいました。

ジェノサイド（民族大虐殺）から14年、新たな国家建設への途上に

ジェノサイドからすでに14年経っていたのですが、キガリの飛行場に降り立った時は、映画『ホテル・ルワンダ』や『ルワンダの涙』で観たシーンが頭をよぎり、得体の知れない恐怖感を抱きました。しかし、ホテルに向かうタクシーの車窓から初めて見るキガリの町は、長くベルギーの支配下にあった影響でしょうか、建物の色やデザインも垢抜けした感じがします。植民地化をまぬかれ、民族色を強く残すエチオピアとは趣《おもむき》が異なり、当初の漠然とした恐怖感も徐々に薄らいでいきました。

ルワンダでは以前から、紅茶やコーヒーなどの換金作物が生産されていました。ただ、コーヒーの生産量は輸出するほど多くなく、品質も評価されていませんでした。

しかし、ジェノサイド以後、政情が少し安定し始めた2000年頃から約10年間、アメリカ国際開発庁（USAID）が、ルワンダ・コーヒー開発庁に対し資金・技術両面にわたる支援を実施。その結果、品質が大幅に向上し、〝コーヒー界のアカデミー賞〟とも言われる「カップ・オブ・エクセレンス（その年の世界のコーヒー品質を競うイベントで、1992年以来毎年開催されている）」でも高い評価を得るようになりました。

ルワンダは〝千の丘の国〟と呼ばれるように、起伏に富んだ地形が特徴。年間を通じて比較的

温暖ですが朝夕は涼しく、その寒暖差を利用して、高品質のルワンダ・ブルボン種コーヒー（ブルボン種はアラビカ種の在来種の一つ。ルワンダ産コーヒーのほとんどを占める）を生産しています。私たちが訪問した時は、コーヒーによって国家経済の立て直しを図るための大規模なプロジェクトが成果をあげつつある時期でした。

２００８年11月12日、成田からアディスアベバ経由でキガリに到着。その夜、出発前からメールを交わし合っていたＪＩＣＡ事務所の現地スタッフと、ＪＩＣＡの青年海外協力隊員数人が、ホテルに駆けつけてくれました。

夕食をともにしながら、ルワンダ政府の取り組みや周辺諸国の状況など、いろいろとお話を聞きました。国家の再建・復興にあたっては青年と女性が大きな担い手となっていること、国会議員の半数が女性であること、また、政府が住民を強制的に移動させて都市計画を進めているため民族間の確執や不満がくすぶり、ＪＩＣＡとして農業政策をなかなか進められないこと等、ルワンダの現状が少しずつ見えてきました。

そして、当初抱いていたジェノサイドの暗いイメージ、また自由行動は可能なのかといった心配はすっかり薄れ、前向きな気持ちを取り戻していました。

起伏に富んだ丘でコーヒー栽培

コーヒー栽培地を訪問し農民と交流

翌日は、キガリのコーヒー開発庁を訪問。女性の販売局長からコーヒーの生産状況について説明を受けたあと、輸出前の生豆の最終チェックをしている作業場を見学しました。100人ほどの女性がコーヒー袋の横に座り、不良豆を除去する作業にいそしんでいました。賃金は、1日約1米ドルとのことです。

午後は、キガリから北へ車で3時間ほど走ったルシャシのウォッシングステーションを訪ねることに。市内を抜け、雨でぬかるんだ山道をあえぐように登っていくと、道の両サイドに広がる丘は頂上まですき間なく開墾されており、農民の勤勉さがひと目でわかります。雨模様だったせいもあり、日本の農村風景とどこか似ているようにも感じられました。

このウォッシングステーションで働くのは、ジェノサイドの未亡人たちで組織された「ウィメンズ・アソシエーション」のメンバーです。彼女たちはどのように働いているのだろうかと考えながら車を降りると、電気系統のトラブルでモーターが動かず、技術担当者が必死に修理しているところでした。

この手のトラブルはひんぱんに起こるようで、その時も彼女たちは少し離れたところで、手動のチェリー皮むき器を回していました。幸い5分ほどでモーターが回り始めると、彼女たちは歓声をあげ、歌や踊りで喜びを表現しながら作業を再開。

作業が一段落すると、女性と子どもたちが円陣を組み、歌に合わせて手を叩いたり踊ったりしながら、私たちを歓迎してくれました。時間の許す限り状況を聞いたあと、日本から持参した、HATの会員からお預かりしたたくさんのスカーフや文房具を渡しました。ルワンダでは坊主頭にしている女性が多いため、地方では特に、スカーフが喜ばれるのです。

コーヒー開発庁の生豆選別場

ウォッシングステーションでコーヒーチェリーの皮を取り除く作業

ウィメンズ・アソシエーションのメンバーと

皆の合唱に続き、代表の女性が満面の笑顔で感謝の言葉を述べましたが、彼女の深く刻まれた無数のシワが、夫を失った悲しみや苦悩を物語っているかのようで心が痛みました。

今もジェノサイドの傷を引きずるルワンダの人々

帰りに、道沿いの小さなレストランで、遅いランチを摂りました。他には客のいない村のレストランで、メニューはヤギ肉のシシカバブと焼きバナナ。肉は締めたてとのことで、歯ごたえがあり大変おいしく、またグリーンバナナ（フルーツバナナと違って甘くなく、主食の一つ）は、そのまま焼いて出されてきました。皮をむくと、ゆでたポテトのようにホコホコしており、塩を振って食べます。乾いた喉をうるおしてくれるルワンダ・ビールがひときわおいしく感じられました。

ふと向かい側を見ると、どの家の壁にも同じ文字が書かれています。ローマ字表記のキニヤルワンダ語で書かれた「JENOSIDE」の文字だけ色が違うので、理由を尋ねると、村のキャンペーンで「二度とジェノサイドを起こさない！」との言葉を、家々に掲げているとのこと。

案内してくれたケビンさんは、「僕も両親と6人の兄弟を殺されました。しかも、近所の人が殺したことが分かっているので辛くて」と、ポツリポツリ話し始めます。一瞬どう応じてよいか分からず、言葉に詰まりました。

表面的には何もなかったかのように振る舞っている彼らも、家族や親戚、そして隣人を失って耐え難い苦しみの淵に突き落とされ、憎悪の念に縛られた月日を過ごしてきたのでしょう。その苦しみを共有することはできないまでも、彼らが味わったジェノサイドの恐怖はいかばかりかとの思いが、胸に迫りました。

その一方で、加害者として罰せられたフツ族の人たちも、〝殺人者〟という過去を引きずり、必死にもがき苦しんでいます。そんな二つの民族がともに暮らすルワンダで二度とそうした悲劇を起こしてならないし、さらに、だからこそ民族融和の平和国家を築いてほしいと、改めて考えさせられました。

殺戮を二度と繰り返すまい。棍棒・マシェットを振る手を止める像をあしらったモニュメント

ルワンダのコーヒーを知ってもらいたい!

翌11月14日は、USAIDの支援を最初に受けたキガリの生産者組合の事務所を訪れました。事務長のギルバートさんは30代前半の青年実業家風。英語を流暢に話し、立ち居振る舞いも垢抜けています。聞くと、ジェノサイドが勃発する前、子どもの頃に一家でカナダに移住し、ジェノサイドのあと帰国したとのこと。彼のように早々に国外へと退避したツチ族はかなりの人数にのぼるようです。

現在のカガメ政権は、そうした人たちにルワンダへの帰国を促しています。国外で富を蓄えた人、高等教育を受けた人がその呼びかけに従って続々と帰国し、キガリに高級ホテルやレストラン、病院などを建設し経営しているとのことでした。また、国内の大手企業で枢要なポジションに就いている人もおり、貧富の格差がますます大きくなりつつあるように見受けました。

結局、ツチ族の優位はジェノサイド前と変わらないのではないか、それによりフツ族の不満が再び強まるのではないかと危惧するのは、私ひとりではなさそうです。

午後はギルバートさんの案内で、栽培地ブタレを訪問しました。海抜1500メートルほどの険しい山道を4WD車で登っていくと、どこもかしこも背の高い木々が茂る、実り豊かな大

コーヒー栽培に希望を見出す青年農夫たち

地が広がっています。

途中で、道案内も兼ねてくれるコーヒー生産者組合の代表者と女性マネージャー、さらに、青年農夫数人が荷台に乗り込んできました。

山頂に近づくにつれ、さえぎるものが何もない丘の斜面一帯に、コーヒーの木々が一定の間隔をあけて植えられているのが見えます。同乗した青年農夫たちは、たわわに実をつけているコーヒーの木々を、誇らしげに紹介してくれました。そんな彼らの輝く笑顔には、自信と未来への希望とが溢れていました。

ジェノサイドの悲惨な歴史を乗り越え、こんなに素晴らしい環境のもとで豊かに生育するコーヒーの木々のことを日本の消費者に知ってもらい、そしてぜひ味わってほしい――。私も夫もそんな思いに駆られました。

ジェノサイドの記憶を忘れまい

帰国前の2日間は、JICAの青年海外協力隊員で、キガリのストリートチルドレンの養護施設に派遣されている加藤悦子さんに、キガリを案内してもらいました。

映画『ルワンダの涙』にも描かれていましたが、フツ族がマシェット（農作業用の刃物）を振り上げながらツチ族を追い込んだ公立技術専門学校や、多くのツチ族を収容したホテル・ミルコリン（『ホテル・ルワンダ』のモデル）、逃げ込んだ人全員が殺され、当時のまま保存されているニャマタ教会、その裏手の、マシェットで傷つけられた多くの人たちの頭蓋骨が収容されている納骨堂、そして国立ジェノサイド・メモリアルセンターなどを訪ねました。

ニャマタ教会では、入口から中を見た瞬間に足が止まりました。さほど大きくない平屋建ての教会の礼拝室には、マリア像を中心に木製の長イスが左右に配置されており、その上に、殺された犠牲者の衣類や所持品が当時のままの状態で置かれていたのです。説明を聞いた時は、あたかも犠牲者たちが教会内にいるかのように感じ、とても中に入る気にはなれません。入口で話を聞くのが精一杯でした。

翌年、再び教会を訪れた時は、勇気を出してガイドの男性の後ろから、中央奥のマリア像近くまで入り、ガイドが説明する当時の状況に改めて耳を傾けました。

中に逃げ込んだ近隣のツチ族たちは、フツ族がまさか教会にまで入ってくるだろうとは思っていなかったようです。ところが、中からかけていた鍵は手榴弾で壊され、さらに教会内にも手榴弾が投げ込まれたため、天井には無数の穴があいていました。侵入してくるフツ族の視界に入らないようにと、教会の中にいた子どもたちを、マリア像とは反対側にある入口横の壁近くに座らせ、大人たちは奥のマリア像のそばで息を潜めていたそうです。しかし、大人も子どもも一人残らず殺害されました。

なぜ、それほどむごいことができるのか。少し前まで同じ地域で暮らし、顔や名前も知っていた人たちに対してすさまじい憎悪を抱き、逃げ場のないところまで追い込んで殺害したのです。フツ族をそこまで駆り立てたものは何なのか。自分たちフツ族に対する長年の蔑視や差別に対する復讐だったのだろうか――。

などと思いを巡らしながら、教会裏手の、犠牲者の遺骨が収容されている納骨堂から外に出たときは、被害者・加害者双方の怨念が背中に張りついたかのように感じられ、心がズシッと重た

犠牲者の衣類を当時のままの状態で展示(ニャマタ教会礼拝室)

各地のメモリアルセンターが遺骨・遺品を保管

くなりました。

急成長する経済の陰で、格差が拡大

一方、入口近くに噴水がある国立ジェノサイド・メモリアルセンターは近代的な建物です。王政時代、さらに植民地時代までさかのぼるルワンダの歴史、フツ族とツチ族の長きにわたる確執、ジェノサイドが起こった背景、その被害者家族の証言や加害者の言葉などが、写真やビデオ映像を駆使して分かりやすく展示されていました。犠牲となった子どもたちの写真が壁いっぱいに貼られた部屋もあり、ジェノサイドの悲惨さを広く伝え、風化させまいとする強い意図が伝わってきます。

ただ、少し視点を変えると、ニャマタの教会もメモリアルセンターも、残虐非道な悪事を犯したのはフツ族で、ツチ族はその犠牲になったということを伝えるだけです。そうした憎悪がなぜ生じたのか、何がそれを殺戮にまでエスカレートさせていったのかといった点をフェアに見直さない限り、本質的な解決にはならないように感じました。

展示の中に、二つの民族が対立したきっかけの一つとして、ベルギーが統治していた時代、ツチ族は鼻が高い、見た目の姿が整っている、また頭脳が優秀である等の理由で優遇《ちょうよう》・重用されていたとの記述がありました。長年にわたるそうした支配がフツ族の屈折した怨念を生み、それがツチ族に向けて爆発したのかもしれません。

だとすると、ルワンダだけでなく、アフリカ諸国におけるヨーロッパの植民地支配がいかに大きな影響を与えてきたのか等、アフリカが歩んできた悲しい歴史を、私たちはしっかり認識・理解した上で、彼らと手をたずさえ、ともに進んでいかなければならないのではないか——。そんなことを考えさせられました。

最後に、加藤さんが派遣されているストリートチルドレンのフィデスコ養護施設を訪ね、学用品を贈呈。そこで出会った少年たちは、地方にいては食事にも満足にありつけず、職を求めてキガリに来たものの、そこで盗みを働いたりドラッグに染まってしまい、この施設に連れてこられたとのことです。

ルワンダでは、青少年の占める割合が、総人口の5割以上とかなり高いものの、小・中学校を終えても、地方では彼らの働き口がほとんどないと言われます。都市と地方との格差、雇用機会の必要性を痛切に考えさせられた訪問でした。

フィデスコ養護施設の子どもたちに学用品を渡す

5 〝アフリカの温かい心〟マラウィを訪問

厳しくても、コーヒー栽培に希望を託す農民たち

ルワンダを訪れたあと、引き続きマラウィに足を延ばしました。マラウィは農業国で、紅茶、コーヒー、サトウキビ、タバコ等を栽培していますが、アフリカの中でも貧困層、またＨＩＶ罹患者の割合が高いといわれています。

駐日マラウィ大使館で紹介されたムズズの農協＝コーヒー生産者連合組合（農民の数は約４０００人）へは、首都リロングウェから、雄大なマラウィ湖（アフリカで3番目に広い湖）に沿って6時間ほど北上します。質素な家々が道路脇に点在しているのが車中から見えました。

ようやくたどり着いた組合本部で、カルーア代表に面会。同連合組合に所属する五つの組合は広大な山あいに点在し、主にゲイシャ種（アラビカ種から派生）コーヒーの栽培を本格的に始めたところとの説明を受け、翌日から2日間かけて三つの組合を訪問しました。

峠や谷を越えて進むアドベンチャー旅行といった感じでしたが、どの組合も厳しい貧困状態に

おちいってはいるものの、同時にコーヒー栽培に希望を抱いている姿が印象的でした。険しい山々と雄大な自然、そして、別れ際に「コーヒーを飲む時、私たちのことを思い出してください」と笑顔で見送ってくれた心優しい人たちに触れたマラウィでした。

移動の途中で立ち寄った、地域の母親たちが支え合っている小さな私設孤児院、また教師たちが「教室数や教材が足りない」と訴えていた小学校など、教育現場の様子も見えました。ささやかではありますが、日本から持参した文房具（出発前にHAT会員に呼びかけて募ったもの）を

ムズズコーヒー生産者連合組合本部でカルーア代表（中央）と

コーヒー栽培の技術を青年たちに伝える長老

ムズズのルラ小学校の児童たちに学用品をプレゼント

子どもたちに贈りました。

マラウィの学校・孤児院に自転車を寄贈

帰国後間もなく、駐日マラウィ大使館から「エチオピアと同じように、マラウィにも自転車を」との要望がありました。さっそく松戸市に再度依頼し、103台の中古自転車と予備タイヤ、それと併せて、ムズズの小学校に贈る模造紙とクレヨン、さらにソーラーLEDライト50セットをコンテナに積み込んで送りました。

内陸国のマラウィへは、航路のあと陸路で二つの国を通過するため、エチオピアの時以上に心配でしたが、現地に到着したとの知らせを受け、まずはホッとしました。しかし、その後税関の許可がなかなか下りず、受け渡しがかなったのは、何と贈呈式の前日でした。

式には、日本から私たち夫婦と越智有希さん（越智明子さんの娘さん）、来賓として在マラウィ日本大使、また国立ムズズ大学のモハンゴ副総長が出席。その他、地域の有力者や前年訪問した時にお会いした方々も顔を見せ、メディアも取材に駆けつける中、盛大におこなわれました。

この時お会いしたモハンゴ副総長からのお話もあり、その後、同大学の優秀卒業生5人に奨学金「HAT国際友好賞」を贈ることにしました。これは同副総長が在任されていた4年間続くことになります。

首都への帰り道で思わぬアクシデント

贈呈式が終わってすぐ、リロングウェに戻るため車に乗りました。ところが、3時間ほど走ったところで車体が少しずつ揺れ始めたため、運転手は徐々に減速、やがて右の路肩に止めました。降りて確認すると、右前輪の車軸を締めているボルトに亀裂が入っていたり切断したりしてい

自転車の鍵のレプリカが 市長からHATに、そしてマラウィ大使に

自転車、学用品、LEDライトを積み込んだコンテナがマラウィへ

贈呈式当日、自転車がムズズコーヒー生産者連合組合にようやく到着

ます。そのまま走っていたら脱輪し、あわや大事故になるところでした。車検制度がある日本では考えられないことですが、おそらく点検も整備もせずに乗り続けていたのでしょう。

通常の工具ではとても直せそうにありません。もちろん、近くにガソリンスタンドなどあるはずもなく、頼みの綱は運転手の携帯電話のみ。贈呈式で高揚していた気分は瞬時に消え失せました。

気がつくと近隣の子ども10人ほどが集まってきました。しかし、子どもらしいあどけなさや笑顔はありません。険しい目で私たちを見ているだけです。栄養失調のためかお腹が大きくふくれている子もいます。生気のない彼らの表情にマラウィの現実を見た思いがしました。

「追い剝ぎが出たら、要求された物を全部渡してください」

車を止めた場所は、ムズズの組合本部とリロングウェとのちょうど中間地点で、どちらからも約3時間以上かかるとの話です。ところが、ムズズ側にはすぐ迎えに出せる車がなく、大使もまだ帰る途中のため、連絡がつくまで待つほかありません。

ようやく電話に出た大使は、「公邸に着いたらすぐに迎えに行かせますから、そこで待っていてください」と。そして、「よく聞いてくださいよ。もし追い剝ぎが出たら抵抗せず、要求された物はすべて渡してくださいね。そこは麻薬を栽培している地域の近くですから」とのこと。

一刻も早く脱出したいとの思いで待つこと6時間。まるで待ち合わせでもしたかのように、ムズズとリロングウェの双方から、真っ暗な中を迎えの車が到着しました。「やった〜！　助かった！」２台の車のライトを見て、思わず胸をなで下ろした瞬間のことは忘れられません。

１日で「明と暗」を経験。アフリカではこうしたアクシデントはおそらく日常茶飯事なのでしょう。アフリカで活動するということは、こういった事態をどこまで受け入れ、またそれにどう対処していくかにかかっているのだろうと、改めて考えさせられました。

大使公邸にたどり着いたのは深夜12時過ぎ。遅い時間でしたが、大使が食事でねぎらってくださった時、ようやく人心地ついた気がしました。

マラウィ湖に沿って南北を貫く国道。湖畔にはジャカランダの花が満開

アフリカの経済発展の陰で

ちょうどこの頃から、アフリカを取り巻く状況が変わってきました。アフリカ各国の経済がめざましい成長を見せ始めていたのです。その要因の一つは、中国の進出と思われます。

ＮＰＯ法人を立ち上げた翌年、２００６年１月に訪問したアディスアベバでは、建設中のビルをいくつか見かけましたが、07年、08年、09年と続けて訪れた際には、新しいホテルや大きなビルが次々に建ち、高速道路も作られていました。車の量も一気に増え、道路渋滞にも遭遇するほどで、まさに大都会へと変貌するさなかといった感じです。初めて訪問した02年当時の懐かしいたたずまいはすっかり消え失せていました。

こうしたインフラ整備、また経済発展は、ほとんどが中国の支援によるもので、ほかの国々でも同じようなことが起こっているとの話を新聞やテレビでたびたび目にしました。ルワンダのキガリも同様で、訪問するたびに新たな発見があるといっていいほどの急速な発展ぶりでした。

中国の経済進出は、アフリカに渡る人の多さを見てもはっきりわかります。乗り継ぎ地のドーハ（カタール）やドバイ（アラブ首長国連邦）から、ルワンダやその北隣のウガンダに向かう便では、乗客の半分以上が中国人などということも珍しくありませんでした。

経済発展により都市化が急速に進む一方で、都市と地方の間に大きな格差が出てきました。都市にはサービス業など新たなビジネスチャンスが生まれますが、成長の波は地方へはなかなか届きません。コーヒーや紅茶などの換金作物を持たない農民は、細々と自給自足の生活を営むしかなかったのです。

高層ビルの建設が進む（キガリ）

夕方の渋滞時には交通整理の警官が（キガリ）

6 再びルワンダへ、そして新たな支援を模索

都市部と地方の大きな格差に愕然

2009年10月、前年に続いて再びルワンダを訪問しました。

地方の農民の姿に触れたいと考え、JICAのキガリ事務所から紹介された2人の青年とともに、キガリの西にあるキブ湖周辺のコーヒー農園を訪ねることにしました。

このあたりは、1994年のジェノサイドで最も大規模な殺戮が繰り広げられた地域で、内戦終結後はUSAIDがコーヒー産業の全面的な支援に当たりました。

目的地までの道中、コーヒーのほかにはどんな産業があるのか、人々の暮らしぶりはどうなのか、水や電気は供給されているのか等を観察すると同時に、同行した青年たちから農民の様子を聞くなどしながら、少しでも実際の状況を把握しようと努めました。

青年の1人は、「ジェノサイドの時、牧師だった祖父や祖母が住んでいた教会に、多くの住民が逃げ込んだのですが全員殺されました。今、私はその地を開墾し、コーヒーを作っています」

と話していました。

そこで出会った農民は、ことのほかひどい身なりをしており、誰もが私たちをにらみつけるような眼差しをしています。車を降りて握手するにも勇気が要りそうな雰囲気でした。

住居も、ドアすらない、いたって粗末なもので、聞くと男性の多くがアルコール依存症なのだとか。まるでコミュニティ全体が見捨てられているように感じられ、キガリから車で3時間も走ればそこはもう隣の国という小国ルワンダで、これほど大きな格差が生まれていることにショックを受けました。

世界のコーヒーを取り巻く環境の変化

さらに、世界のコーヒー事情もこの頃大きな転換期を迎えていました。これまでお茶が主流だった中国やインド、またロシアやブラジルなどでコーヒーの消費量が急増したため、生豆の価格が急激に上昇し始めたのです。

生産者たちは、フェアトレード認証コーヒーとして栽培し一定の安定を得るよりも、認証を受けていなくても高い価格で売れる別のコーヒー豆を大量に生産・輸出し、収益の増加を図るようになりました。と同時に、高品質のスペシャリティ・コーヒーの需要が高まるにつれ、バイヤーがアフリカや南米の栽培地に出向き、よりおいしいコーヒーを競って求めるようになったため、世界のコーヒー貿易の状況が大きく様変わりしつつあったのです。

その証《あかし》といえるかどうかはわかりませんが、この時タデッセ代表が案内してくれた、エチオピアのオロミヤコーヒー生産者組合の新施設は、大学のキャンパスを思わせるような広い敷地に、巨大な加工棟、EU規格に適《かな》った衛生設備を備えたスタッフ棟、そして4階建てのオフィス棟などが建ち並び、3年前に訪れた時からはまったく想像できないほどの発展ぶりを見せていました。

キブ湖周辺の祖父の土地で新たにコーヒービジネスを始めた青年

エチオピア最大のコーヒー農協＝オロミヤコーヒー生産者組合の選別・出荷施設（建設中）

HATも支援の対象、方法・内容を変更

コーヒーの国際価格が急落した時は、〝農民の生活を守るために最低価格を保証する〟ことを謳《うた》うフェアトレードの理念は、農民支援の方策として、また取り扱う企業や団体のイメージアッ

プという面でも効果がありました。しかしコーヒー価格が上昇すると、それが農民支援にどれほど寄与し得るのか、当初想定していた効果が期待できなくなったように感じられました。

こうした状況の変化に、HATの活動目的も「フェアトレード」から「アフリカ農民直接支援」に変更し、エチオピアだけでなく今まで訪問した栽培国から輸入される生豆も紹介するなどしながら、直接支援の原資となるコーヒー販売を続けることにしました。

また、支援の対象も、「コーヒー農民」から「換金作物を持たないアフリカ農民」に変更し、その方法・内容についても新たに模索を始めました。地方の農民の姿から、物資の寄贈による支援ではなく、彼ら自身で収入を得られる仕組みを作り、それによって雇用を生み出そうと考えるようになったのです。

その時思い出したのが、外務省が「アフリカ開発会議（TICAD）」の開催にあたり、各国での雇用創出を促す方途の一つとして「一国一品運動」「地産地消運動」を推進していたことです。ルワンダ国内を車で走った時、キガリからタンザニア国境近くまで3～4時間の道中で、バナナの木が道の両側に延々と群生しているのが見えました。丘全体がバナナの木で覆われていたりなど、どこへ行ってもバナナが景色の一部に溶け込んでいます。以前訪れたエチオピアやマラウイでは目にすることのなかった印象的な光景でした。

これほど豊富にあるバナナを活用し、何かを創り出すことはできないものか。"Made in Rwanda"の製品がほとんど生産されていないことからも、自国の材料で生活用品を作って国内で販売すれば文字どおり「地産地消」ですし、新たな雇用も生まれるのではないか。はっきりしたアイデアは何ひとつありませんでしたが、バナナの可能性について思いを馳《は》せることになる旅となりました。

国中いたるところに生い茂るバナナの木々

3章

バナナペーパー！
思いついてはみたものの……

1 換金作物を持たない農民への支援を模索

現地の人たちが自立できる仕組みを

2005年から始めたアフリカ農民支援の活動。前半4年間は、東アフリカのフェアトレード・コーヒーの販売収益を、再生自転車・学用品・ソーラーLEDライトの寄贈、大学生への奨学金授与といった形で還元してきました。これらは主に、コーヒー農民やその子弟が対象で、生産環境、教育環境の向上を支援するのが目的でした。

しかし、コーヒー・紅茶などの換金作物を栽培している農民は、まだ恵まれているのではないか、そうではない農民こそ貧困に苦しんでいる、むしろそうした人たちを継続的に支援できないだろうかと考えるようになりました。私たちのような市民レベルの限られた原資でも可能な、それでいて有効な支援です。

同じような支援に取り組んでいる内外のNGO、NPOの活動を見ていて気がついたのは、現地の人たちがみずから働き、収入を得られる手段や仕組みを考え、それを提供するほうが大切だということです。

その方途として思いついたのがバナナでした。バナナは多年草に分類され、短期間（8カ月ほど）で成長して実をつけます。実を採ったあとの茎は、次の若芽の成長を促すためすぐに伐採され、大量のゴミになるだけです。

そのバナナの茎を活用すれば、環境保護にもつながります。

バナナペーパーについての資料探しから

捨てられるバナナの茎から何を作れるかと考えてすぐ思い浮かんだのは、繊維を生かした「布」か「紙」です。布は繊維から糸へと〝紡《つむ》ぐ〟また〝織る〟機械や専門技術が必要です。しかし、紙なら機械がなくても手作業で作れるのではないか、バナナの茎から紙を作ることができれば、それを

市場にバナナを運ぶ親子

素材にクラフト製品を作り販売すればよいと。

２００９年10月、２回目のルワンダ訪問から帰国するとさっそく、自宅近くにある県立西部図書館に行き、バナナから作る紙に関する資料を探すことから始めました。そこで見つけた『バナナ・ペーパー　持続する地球温暖化への提案』（森島紘史著・鹿島出版会）という本には、「熱帯の途上国で、バナナを資源とする経済自立の可能性について、既に環境開発サミットなど国際会議で議論されている」とあり、バナナが生態系に与える恩恵についても書かれていました。

著者が中米のカリブ海に浮かぶ島国ハイチで実際に手がけたバナナペーパー・プロジェクトの全容も紹介されており、大変興味深く読んだのですが、バナナ繊維をパルプ化するために２種類の機械を使っていたことが引っ掛かりました。固いバナナ繊維をすりつぶすための「新開発の機械」や、繊維を叩いてしなやかにする「ビーター」を使用していたのです。

通常、紙を作る際には、繊維をパルプにする過程でビーターを使います。しかしルワンダでは、地方に行くと電気が引かれている家はまだ限られています。水も、水汲み場からプラスチックの容器に入れて家まで運んでこなくてはならないところがほとんど。たまに蛇口を設置している家庭があっても、いつも水が出るわけではなく、水質もよくありません。

電灯は消費電力の小さいＬＥＤライトです。電力の乏しいルワンダで、先のような機械を動かすには、大型の発電機を持ち込む必要がありますし、そのためには高い燃料を購入しなければなりません。

ルワンダのガソリン価格は日本とほぼ同じくらいですが、現地の人々の収入を考えれば、これはとんでもなく高い値段です。また、メンテナンスや故障時の対応を考えると、機械を使うのは、特に地方では現実的ではないと判断しました。

この時、同図書館で相談した副館長（当時）の三浦章宏さんは、親切にアドバイスしてくださっただけでなく、のちに自ら購入した関係書籍を我が家までわざわざ届けてくださり、大変助かりました。

キブンゴの水汲み場。水質が悪く、時には断水も

埼玉県小川町で和紙作りを学ぶ

次に、東京・北区王子にある「紙の博物館」を訪ねました。ここは日本の紙産業の歴史を紹介する資料などが展示されており、地下には「手漉《す》きはがき体験コーナー」もあります。牛乳パックを再利用してパルプに戻し、はがき用の紙を漉くことができるようになっていました。

私も子どもたちに混じってチャレンジしてみました。人生初の紙漉き体験です。日本の牛乳パックからできるパルプは、白く滑らかで柔らかく、用意されていた押し花を漉き込むと素敵なはがきに仕上がりました。

体験コーナーでは、かつて製紙産業に従事していた方たちがボランティアで指導されています。そこで、和紙の紙漉きを実際に体験するにはどこに行ったらよいか尋ねると、「日本の紙漉き技術を今に伝える和紙の里・埼玉県小川町がよいでしょう」とアドバイスしてくれました（小川町の「細川紙」は2014年、ユネスコ無形文化遺産に登録）。

2010年2月、「紙漉き1日コース」に参加するため、HAT理事の越智明子さんとともに、小川町の久保製紙を訪ねました。久保製紙のことはネットで探して見つけました。

初めに「アフリカでバナナペーパー（BP）を作りたい」と伝えると、若主人は「それでは、コウゾの皮を煮るところから始めましょう」と言いながら、通常は省く工程も交え、最初から最後まで通しで教えてくださいました。

初めて経験することばかりで、楽しくはあったのですが、冷え込みが厳しい2月、それもすべて屋外での作業です。晴れていたとはいえ、2人とも寒さで顎がガクガクし、手先はかじかんで感覚がなくなってしまいました。しかし、昔の紙職人に思いを馳せつつ体で学んだ有意義な一日でした。

初めての体験にしてはなかなか素敵な紙を漉き上げることができましたが、ルワンダでは、バナナの繊維から紙を

小川町で紙漉きする越智さん

作ることになります。はたして和紙と同じような紙ができるのだろうか――。その問題を解決しなければ実行に移すことはできません。

山梨県身延町でバナナペーパー作りを見学

そこで、日本でバナナペーパーを作っているところはないかと、ネット検索でようやく見つけた、山梨県身延《みのぶ》町に伝わる西嶋和紙の工房を訪ねてみることにしました。

初めにバナナペーパーで作られたノートを見せていただいたのですが、薄く滑らかな、透き通るような紙質に驚きました。こんな紙になるならクラフトもいろいろ作れそうだと、期待をふくらませましたが、製造過程を見学してその思いは変わりました。

ここで使われているバナナ繊維はフィリピンから輸入したもので、まず繊維を高温・高圧の釜で化学薬品と一緒に加熱、同時に、木材チップや古紙などを混ぜてパルプにしています。日本の製紙工場では、パルプ化する過程で化学薬品を使うのは当たり前なのですが、ルワンダで同じことをすると、廃液を未処理のまま流して土壌を汚染することになってしまいます。しかし、それは許されません。

また、ビーターの使用を勧められ、中古品を譲ってくださるとまで言われたのですが、コンクリートで作った風呂桶のようなビーターを日本からルワンダに運び込むこと自体、簡単ではありません。

ルワンダでのバナナペーパー作りは、あくまでも自然に優しい材料を使い、機械ではなく手作業（hand-made pure & natural eco paper）でおこなわれなくてはなりません。

しかし、機械も化学薬品も使用しない紙作りを可能にするにはどうすればよいのか――。この課題をクリアしたいと必死でリサーチしたのですが、バナナペーパーを扱う人や企業は日本にはほとんどなく、業界に知人や相談できる相手もいません。和紙の知識も製作経験もない私と夫は、その答えをなかなか見出せずにいました。私たちが思い描いているバナナペーパー作りは夢物語で終わってしまうのだろうか。目の前に白旗がちらついた時もありました。

それでも何とかとの思いで、和紙の「人間国宝」として紹介されていた方に、まったく面識はなかったものの、勇気を出して電話してみました。いきなりの問い合わせで、電話口に出ていただけるだろうかと気を揉《も》みましたが、すぐに応対してくださいました。しかし、お話の内容は厳しいもので、「機械も化学薬品も使わずに、バナナの繊維は柔らかくならないのです。津田さん、諦めなさい！」と、はっきり言われてしまいました。

使用を勧められたビーター（西嶋和紙の工房で）

半年間、自宅でバナナペーパー作りの試行錯誤

やはり難しいのかなと、ひとたびは挫《くじ》けそうになりました。紙作りを手がけている方からすれば、コウゾやミツマタより固いバナナ繊維が原料、しかも化学薬品を使わずに紙を作るなどというのはおよそ無理な試みなのかもしれません。

しかしその一方で、本当に可能性はゼロなのか、自分で納得できるまで試してみよう、それまでは諦めないと思い直しました。西嶋和紙の工房で分けてもらったフィリピン産のバナナ繊維を使い、久保製紙で学んだ手順を思い出しながら、自宅の玄関前やキッチンでバナナペーパー作りに挑戦してみました。半年ほどそれが続いたでしょうか。

繊維をほぐし柔らかくするために使われる苛性《かせい》ソーダ、炭酸ソーダなどのアルカリ性薬品に代えて、自然のアルカリ性液＝草木を焼いた灰の上澄み液（灰汁《あく》）を入れて煮る方法も試してみました。当初は、近くの銭湯で灰を分けてもらったのですが、混ざりものが多くて使えません。そこで、我が家の前庭で木くずを少しずつ燃やし、灰を作りました。

灰汁で繊維を3時間ほど煮たあとよく洗い、御影石の上に載せてハンマーで何度も叩きます。といっても、その加減が分かりません。少し叩いては様子を見ながら続けるうちに、繊維がつぶれた（フィブリル化という）ときの感触が分かるようになり、「紙は叩いて作られる」という

先達《せんだつ》の言葉を実感しました。

そのあと料理用ハサミで細かくカットして水と一緒にミキサーに入れ、短時間回しては止めるという作業を何度も繰り返します。こうしてどうにかこうにかパルプを作り、あらかじめ用意しておいたオクラから取ったネリ（パルプを均等に分散させることで、固まるのを防ぐ植物粘剤）と一緒にタライの水に放ち、漉いてみました。漉くのに使う木枠は、夫が作ってくれました。

紙は叩いて作られる。自宅でバナナ繊維の叩解

滑らかなパルプができた

初めは繊維の片寄りやネリの量によって、穴が空いたり厚さにムラができたりします。しかし、何度も繰り返すうちに、自己流ではありますが、水、ネリ、繊維の適切な割合が、タライに手を入れた時の感じで分かるようになりました。漉き上げた時の木枠内の繊維の状態から、仕上がりのよし悪しもつかめます。こうして、少しずつですが上手に漉けるようになり、思い描いていたバナナペーパーをようやく作ることができました。

さらに、コンニャク粉を混ぜたり、ネリの種類を変えてみたり、新聞紙をドロドロにして少量混ぜたりしながら、それぞれの出来具合を確認しつつ、試作を重ねていきます。

漉き上げた紙でA4サイズの封筒、A3サイズのランチョンマット、箱などのクラフト製品も作ってみました。また、表面をより強固にして用途を広げられないかと考え、柿渋や水溶性ニスなどを塗布してみました。柿渋は蚊除けにもよいと聞いたので、アフリカで重宝するのではないかと思ったのですが、残念ながらルワンダで柿を育てるのは難しいと分かり、断念しました。

自ら漉いたBPで、封筒・しおり・箱などを試作

ランチョンマット（A3サイズ）も

こうして、あれこれ試作を重ねた結果、全工程手作業で、化学薬品を一切使わず、繊維100%の、和紙のようなバナナペーパーを漉き上げることは可能との確信を持つに至ったのです。

ルワンダの牧師さんに、ワークショップについて相談

さて、ここまで来て私が思ったのは、バナナの茎から作ったバナナペーパーを見たら、ルワンダの人たちはどんな反応を見せるだろうかということです。そこで、次のステップとして、現地でバナナペーパー作りのワークショップをおこなえないかと考えました。

とはいえ、過去2回のルワンダ訪問で出会ったのは、JICA関係者とコーヒー業界の人たちだけです。誰か相談できる人はいないだろうかと考えて、思い出したのがジョンさんでした。

ジョンさんと出会ったのは2009年10月、まったくの偶然でした。この時私たちはエチオピア、マラウィ、ルワンダの3カ国を訪れたのですが、フライトはエチオピア航空でした。ただ、マラウィからルワンダへの直行便はないので、いったんアディスアベバまで戻り、そこからルワンダの首都キガリへと向かいます。

ところが、キガリ行きの便がドタキャンとなり（それほど珍しいことではありません）、航空会社が用意したホテルで1泊することになりました。ホテルのレストランで夕食を済ませ、部屋へ戻ろうとして乗ったエレベーターで一緒になったのがジョンさんでした。

「どちらへ行くのですか？」と尋ねられ、「ルワンダです」と答えると、「私はルワンダ人で牧師をしています。アメリカからの帰りなんですよ」とのこと。さらに、「ルワンダへは何の目的で行かれるのですか」と質問してきたので、「コーヒーの栽培地に行く予定です。農民たちにどんな支援ができるのかを調査したいので」と話し、その時はそのまま、それぞれの部屋へ引き揚げました。

翌日のフライトで無事キガリの空港に到着、荷物を受け取ったところで、再びジョンさんに出会いました。すると、彼が「妻が車で迎えにきているので、ホテルまでお送りしましょう！　彼女は日本語を話しますし」と言うのです。ジョークかしらと思いながらも、ご厚意に甘え、荷物を持ってバンに乗り込みました。

奥さんのロビンさんはアメリカ人で、懐かしそうな表情を浮かべながら、「かなり長い間話していないので、うまく話せるかどうか分かりませんが」と、日本語で話しかけてきました。これには驚きました。

話をうかがうと、「大阪の大学で3年間英語を教えていました」とのこと。思いもかけず、ルワンダで日本語を話す、日本を知っている、現地在住のアメリカ人女性と遭遇したのです。この出会

ホテルに来てくれたジョンさん、ロビンさん

い以降、ジョンさん・ロビンさんとは、ときどきメールのやり取りをしていたので、何かアドバイスをいただけたらとの思いで、ワークショップについて相談してみました。

ジョンさんは、ルーテル派教会のルワンダ代表ですが、教会内に留まって信者が来るのを待つのではなく、自ら国内各地のコミュニティを訪れ、住民とともに地域の問題解決や教育活動などに日々奔走されている方でした。

バナナペーパーのことをメールで伝えると、まずロビン夫人から、大変興味があるので応援したいとの返信が届きました。彼女は手漉き紙についてある程度の知識を持っていたようです。

話はトントン拍子に進み、３カ所（①タンザニア国境近くのムメヤ、②ロビンさんが代表を務めるルワマガナの学校、そして③キガリの南西に位置するニアンジェ）でワークショップを開催することが決まりました。

2 ルワンダ国内3カ所でワークショップを実施

初めて、バナナ茎から繊維を取り出す

２０１１年1月、ネパール大使館に勤めていた頃からの友人で、ＨＡＴ会員の井上理江さんとともに、ルワンダを訪問しました。半年間の試作をもとに、バナナペーパー作りの手順をイラスト付きで説明した「製作マニュアル」も準備しました。なお、「製作マニュアル」はその後、現地の実情に合わせて修正・加筆を重ね、現在のもの（巻末）になっています。

キガリに着いてすぐに向かったのは、市内で最も大きなキミロンゴ市場。バナナの茎を手に入れたかったからです。

日本で読んだ本には、バナナ繊維の抽出に関する具体的な記述や資料がなく、確認したくてもその術《すべ》がありません。私が試作の時に使ったのは、すでに茎から抽出し乾燥させたものでした。ワークショップを実施するにあたっては、まず実際のバナナ茎からどのように繊維を取り出すのか、その方法を確認する必要がありました。

市場の床に捨てられていたバナナ茎を指さしながらこれが欲しいと言うと、「好きなだけ持ってっていいよ」と、周りの人たちに大笑いされました。

その晩、ホテルの床にビニールシートを敷き、バナナ茎から繊維を取り出す作業を、２人で夜遅くまで試してみました。内皮・中皮・外皮のうち、どの部分の繊維が適しているのか、現地で茎を手に入れて調べれば分かるはずと考えていたのですが、これは甘かったようです。それでもなんとか、内皮がいちばん適していそうだと目安をつけました。

繊維を取り出す方法もよく分からなかったので、内皮の絹糸のような細い部分にちがいないと、その時は決め込んでいました。

翌日、きれいに整地されたキガリ中心部の公園で、ジョンさん、ロビンさんと、ワークショップの進め方について詳細に打ち合わせをしたあと、キガリから東へ車で1時間ほど行ったルワマガナにある、ロビンさんの学校を訪ねました。

その日は日曜日で、学校内に併設されている教会でミサがおこなわれるため、近隣の人たちが集まってきます。ロビンさん

ジョンさん、ロビンさんとワークショップの打ち合わせ

キガリのキミロンゴ市場でバナナ茎をゲット

からは、ミサが終わったところでワークショップの開催を伝えればいいとのアドバイスをいただいていました。ルワンダでは、教会がコミュニティをまとめる役割を担っており、住民の転入・転出などについての情報も、ミサのあと、その場でアナウンスされます。

初めて参加したミサは、まるでミュージカルのようでした。牧師さんのお話のあと、教室ほどの広さの教会で、前に出てきた20人ほどの若い男女が、お腹の底に響くようなドラムに合わせて賛美歌を歌い、踊るのです。建物全体が揺れているのではと思われるほどの震動と参加者の手拍子に私たちは度肝を抜かれ、体が引けてしまいました。

ミサが終わり静かになったところで司会に促されて立った私は、バナナペーパーについて簡単に紹介し、2日後に学校の教室でワークショップをおこなうので、一人でも多くの方に参加してほしいと呼びかけました。ただし、通訳を買って出た青年は日本の紙漉き、またバナナペーパーのことをまったく知りません。参加者に私の思いがどこまで通じたか定かではありませんが、皆ニコニコしながら、「へーっ！」といった表情で聞いていました。

ミサには大人も子どもも参加

最初の会場は、タンザニア国境近くのムメヤ

翌日早朝、最初の開催地ムメヤに向けて出発しました。まずキガリから南東に2時間余り走り、キブンゴのホテルに到着。そこで教会の地域責任者やメンバーと会って打ち合わせです。

ムメヤは、キブンゴから南東へさらに1時間半ほど走った、タンザニア国境に近い奥地にあります。国道から逸《そ》れ、車1台がやっと通れる、赤土の舞う狭い未舗装の道を進んでいきました。両側に並ぶ粗末な家々から住民が出てきましたが、貧しい生活をしていることがすぐに分かります。

そこからさらに登っていくと、先ほど目にした集落とはうって変わり、真新しい白い平屋の建物が見えてきました。どっしりとした趣のある建物です。その姿に見とれていると、ジョンさんや他派の牧師さんたちの指導を受けながら、村人全員で作った診療所だと教えてくれました。そのすぐ横にある、大きく枝を広げた大木の木陰が、初めてのバナナペーパー・ワークショップの会場です。

集まっていたのは、コミュニティの役員12人。全員、手にノートとペンを持ち、ジョンさんの話を書き取り、手を挙げて質問しています。彼らの向学心というか、熱意にまず驚きました。

彼らのうち4人は青年ですが、あとは壮年や婦人。こんな奥地のどこで教育を受けてきたのだろうかと不思議に思いました。しかし、ジョンさんたちと定期的に話し合いを持ち、地域の問題

を協議し続けていく中で、そうした姿勢が身についたことが分かってきました。

始めに参加者が1人ずつ、名前やコミュニティでの役割分担など自己紹介をし、それを同行のスタッフが英語へと通訳してくれます。彼らはコミュニティの会長、書記、会計係、孤児の相談係などで、日頃の活動の様子もわかりました。

私からは、まずバナナペーパーとは何かを説明し、2種類のサンプル（厚手のものと薄く漉いたもの）を見せると、皆、興味深げに触ったり匂いをかいだりしています。壁の内側に貼れば寒さをしのげるのではないかといった意見も出るなど、意欲満々です。

さっそくシートを広げ、持参した道具を並べました。しかし、その日はすでに午後だったこともあり、持参したA4のバナナペーパーから蓋付きのはがきサイズの箱を作るまでにしました。1枚の紙から小物入れを作る体験を通して、バナナペーパーを身近に感じてほしかったからです。若い人たちは強い興味を示し、真剣な面持ちで取り組んでくれました。

メモを取るムメヤの参加者

時間不足で十分な内容ではなかったが……

その日はキブンゴに戻り、翌日再びムメヤに。1人の青年が、伐採したばかりの太いバナナ茎をかついできました。今日の原料です。本当は、最初から最後まで順を追って教えたかったのですが、スケジュールがタイトで各工程に十分な時間をかけられません。

それでも、バナナ茎の内皮から繊維を取り出し、全員が紙漉きを体験、カード作りまで進みましたが、残念ながら、乾燥後の状態を確認するまでには至りませんでした。

イメージ的には理解してくれたようですが、正味1日にも満たない時間で教えるのは難しく、内容的には不十分でした。

最後には、バナナペーパー作成に必要な木枠用の木材、ハンマー、釘、ネット、それにタライやバケツなどを購入する費用6万3200ルワンダ・フラン（約120米ドル）をコミュニティ宛に渡しました。手書きの感謝状には、出席者全員の署名がありました。

何はともあれ最初のワークショップを無事に終え、少しホッとした

路傍の花びらをあしらったカード

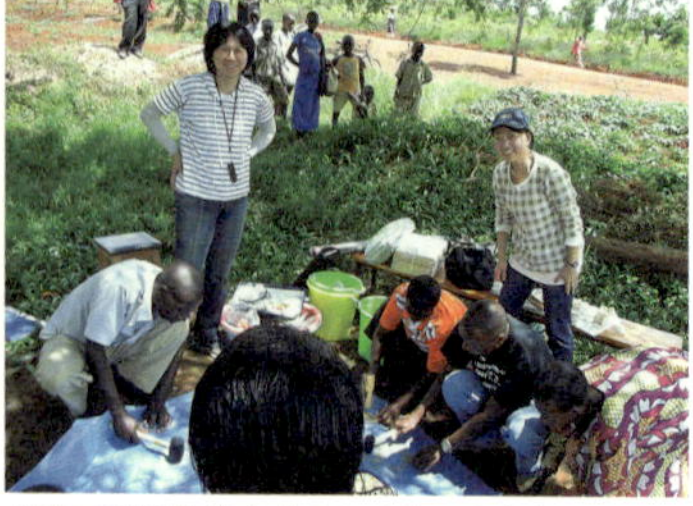

木陰で叩解作業をするムメヤの人たち

ところに、香ばしい焼きトウモロコシとパイナップルが運ばれてきました。焼きトウモロコシは少々固いものの、噛むほどに甘く、ゆでたものより味わいがあります。全員でおいしくいただいたあと再会を約し、最後に記念のカメラに収まりました。

ムメヤからの帰途、タンザニアの国境まで足を伸ばしてみました。少し高い丘から見下ろすと、眼下に国境の橋が見えます。その下を悠々と流れるのは、ホワイト・ナイルの源流アカゲラ川。川幅はさほど広くありませんが、水は、アフリカの大地を思わせる褐色をしていました。１９９４年のジェノサイドの時はこの川に無数の死体が浮かび、タンザニアまで流れ着いたとも言われています。

丘を下っていくと川岸に国境検問所がありました。許可を得て橋の中ほどまで行くと、水が大きな渦を巻いて勢いよくぶつかり合うラッサモの滝が、手の届きそうなほど近くに見えます。

滝といっても高低差はわずか。ただ、川幅が一気に狭くなるため、濁流が荒々しく流れ落ち、水煙が霧のように立ち昇っています。しかし橋を越えると川幅が広がり、切り立った丘の間を何事もなかったかのようにゆったりと流れています。国境を超え、時代を超えて、かつての悲惨な歴史をも飲み込んで流れ

悠々と流れゆくアカゲラ川

るアカゲラ川の姿に、私たち人間の営みはほんの些細なもののように感じられました。

2回目はルワマガナの学校——地域住民、教師、生徒に

キブンゴのホテルには2泊しました。部屋には窓がなく、その一部がトイレと水の出ないシャワー用のスペース（合わせて1畳ほど）としてカーテンで仕切られています。キブンゴのホテルはどこも皆水が出ません。シンクの下に水を入れた容器が置かれ、顔を洗ったり体を拭くためのお湯は、朝食前にバケツか容器で運ばれてきました。

就寝時は、持参した蚊取り線香を焚きましたが、1泊目の朝、体のあちこちに痒さを覚えました。蚊ではないはずなのに、何だろうと思いましたが、2泊目の朝はもう大変。あちこちなどというレベルではなく、体中が猛烈に痒く、赤く腫れ上がっています。やられました！　あとにも先にもこの時だけでしたが、ダニの仕業と思われ、この痒さは帰国後数週間続きました。同行した井上さんは、ほとんど被害がなかったようです。体質の違いか、それとも私の免疫力が弱っていたからでしょうか。

2回目の会場は、ルワマガナにあるロビンさんの学校です。朝、キブンゴのホテルを出てルワマガナに向かいました。会場の教室に着くと、地域の男女20人ほどが待っています。ロビンさんが手配してくれた通訳（英語↕キニヤルワンダ語）はこの学校の卒業生です。学校の先生や生徒

たちも合流し、にぎやかなワークショップとなりました。床に敷いたシートの上で、みんな一緒にハンマーでバナナ茎を叩き、昼食を摂ったあとは紙漉き体験。予定どおりに進みました。

この日の宿泊はルワマガナのホテル。キガリに近いせいか、シャワーも使え快適でした。翌朝、少し早めに学校に到着すると、1人の女性が待っていて私に話しかけてきます。ちょっと聞き取りにくい英語でしたが、「秘書の勉強をしたが働き口がないんです。母親はジェノサイドで傷を

真剣な面持ちのルワマガナの参加者

紙漉きの手順を説明

途中から生徒たちも参加しにぎやかに

負って大変だし、夫も仕事がありません」と訴えているようでした。ワークショップの参加者は婦人と壮年が半々ほどで、きちんと技術を学べばどこかで雇ってくれるかもしれないと考えているにちがいありません。

この日は、前日漉いたバナナペーパーの出来具合を確認してみたのですが、残念ながら、思いどおりには仕上がっていません。それ以外の木枠作り、私たちが持参したバナナペーパーを使っての箱作りは、生徒のほか近隣の学校の先生たちも参加。展開図を見ながら、ああでもないこうでもないと、最後まで懸命に取り組んでいた姿が印象的でした。

3回目の会場は西部のニアンジェ

3回目は、キガリの南西にあるニアンジェです。キガリからは車で1時間ほど。目的地に向かう道路には、バナナではなく、白樺のような街路樹が小ぎれいに植えられていて、少々趣が違います。

会場は、大きなホテルの手前の草むらです。そこに立つ背の高い木の陰に、30人ほどの女性が待っていました。その多くは子ども連れで、強い日差しを避けるため手に手に傘を差し、子どもにお乳を与えていたりします。

さっそくワークショップを開始。使える時間は半日だけなので、写真を見せながらバナナペーパーについて説明し、サンプルを見せて意見を聞いてみました。

彼女たちからは「初めて見ました。作ってみたい」といった声も出ましたが、それよりも、「自分たちがバナナの葉で作ったイスやバスケットを売りたいので、道路沿いに店舗を建ててほしい」というリクエストがあったのは意外でした。

実はルワンダでは、バナナの葉を使ったイスやのれん、コースターなどの製品が土産物店などで売られています。おそらく、私たちが来ると聞いて、何か支援してくれるのではないかとの思いで集まってきたのでしょう。彼女たちの気持ちはとてもよく理解できましたが、私たちの目的は違います。また、伝統工芸であるバスケットやバナナの皮で作った製品は、どの土産物店にも並んでいて新鮮味に欠けるのです。

このワークショップに参加したニアンジェの女性たちにバナナペーパーで作った封筒を見せた時の反応は、彼らの生活レベルを如実に示しているように思えました。

彼女たちのなかには、封筒を目にしたのが初めてという人もいました。「これをホテル等で売れば……」という私の説明

初めてバナナペーパーを見るニアンジェの女性たち

に、「ホテルはすぐそこにあるけど、行ったことがない」と答えます。目と鼻の先にあるホテルは、足を踏み入れるどころか、近づいたことすらないまったくの別世界なのです。

彼らの表情、また赤ん坊や子どもたちの泥だらけの衣類、また帰途、街路樹が並ぶ素敵な表通りから1本入った裏通りに、みすぼらしい家々が並んでいるのを見たとき、想像以上に厳しい彼らの暮らしぶりに思いを馳せざるを得ませんでした。

3カ所のワークショップを終えて

2011年1月に3カ所で実施したワークショップを通して、ルワンダ社会が抱える厳しい格差、また雇用創出の重要性を肌で感じるとともに、バナナペーパー・プロジェクトを何としても進めたいとの思いは、より強固なものになりました。と同時に、製作工程上の課題も容赦なく突きつけられたように思えます。

それは、新鮮なバナナ茎から繊維を取り出す方法です。茎のどの部分の繊維が紙作りに適し、どのように取り出せばいいのかが、はっきりしないのです。

ルワンダでは、「ちょっと1本切ってくるから」といった感じで、バナナ茎を調達します。紙作りを進めるには、茎の特性や扱いを熟知し、繊維の取り出しから仕上げ、そして製品の販売流通まで、すべて教えなければなりません。特に、最初の繊維取り出しの工程が曖昧だった点を深く反省しました。

また、ムメヤとニアンジェでは、どちらも屋外が会場でしたが、日差しの強さを考えると、屋根のある作業スペースが必要だと考えました。

これら二つの課題が明確になり、バナナペーパー・プロジェクトは次のステップへ向けて歩き出すことになります。

3 繊維の取り出し方法をクリア

東日本大震災被災者支援コーヒー

初めてのワークショップを通じて浮き掘りになった二つの課題のうち、急いで答えを出さなければならないのは、バナナ茎から繊維を取り出す方法です。帰国後いろいろ調べてみたのですが、答えはなかなか見つかりません。途方に暮れかかっていた時思い出したのが、以前県立西部図書館の三浦さんが我が家に持参してくださっていた3冊の本です。

その中の1冊『野草で紙をつくる』（創和出版）の著者・岩手県奥州《おうしゅう》市の相沢征雄さんに、思い切って電話してみました。相沢さんは話をじっくり聞いてくださり、「よろしかったら、どうぞ我が家においでください」と、思いもかけない言葉が返ってきました。

ところが、2011年3月に訪ねるつもりで準備していた矢先、東日本大震災が起きたのです。津波による恐ろしい被害の映像を見て、今はアフリカより東北ではないか、HATとして何かできることはないだろうかと考えました。

そこで、ルワンダでのバナナペーパー・プロジェクトを一時延期し、大震災で被災された方々への支援を優先させることにしました。

商品（コーヒー）のラベルを、「アフリカ農民支援コーヒー」から「東日本大震災支援コーヒー」に切り替えて販売し、その収益をＨＡＴとして寄付しました。親戚や友人が被災地にいらっしゃる会員の方たちからは、「心配しています」「支援コーヒーに大賛成です」「頑張ってください！支援コーヒーを注文します」等、心温まる応援、賛同の声が届きました。なかには、義援金をお送りくださった方もいました。

それらはすべて、コーヒー販売収益金と合わせて寄付させていただきました（日本赤十字社、宮城県災害対策本部、岩手県災害対策本部、福島県災害対策本部に）。多くの真心のご支援に、今この場をお借りして深く感謝いたします。

また、アフリカに関わっているＮＰＯ、ＮＧＯの協力を得て、都内のアフリカン・レストランでチャリティ・カフェ・ライブも開催しました。駐日マラウィ大使、エチオピア大使館から書記官が出席、また、エチオピア・モカダンスグループや、元劇団四季のメンバーなどの友情出演もあって大いに盛り上がり、その収益を日本赤十字社に。その他、千葉市の老人福祉施設でのイベント収益、舞踊集団

大震災支援コーヒーを販売し被災地に寄付

イベントでのコーヒー販売収益を、いずれも福島県災害対策本部に寄付しました。

岩手県奥州市に相沢征雄さんを訪ねる

相沢さんを夫と2人で訪ねたのは、新幹線が復旧した2011年7月でした。

一ノ関駅まで迎えにきてくださった相沢さんは、まるで旧知のような懐かしい雰囲気の方で、初対面にもかかわらずすぐに打ち解け、車中でも話に花が咲きました。ご自宅があるのは、平泉黄金文化の礎《いしずえ》となった安倍氏・奥州藤原氏にゆかりの深い衣川《ころもがわ》。世界遺産の平泉中尊寺を通り過ぎ、山のほうに少し入ったところです。

ご自宅の裏山から清水が湧き出し、家の前を流れる川へと注いでいます。わさびや香草、しいたけ、また青々と茂る木々や色とりどりの花々に囲まれ、山のすがすがしい空気が漂っていました。移築した古民家の、木の温もりが感じられる素敵な部屋に通され、改めてご挨拶すると、氏は「いや〜、待った、待った。沖縄からバナナの茎を取り寄せて、氷室《ひむろ》に保管していたんですけど、長かったですね〜」と笑顔を浮かべながらひと言。私たちをずっと待っていてくださった氏の思いが即座に伝わってきました。

相沢さんは東京都の小学校教員（図工専科）をしていた時代から、紙作りや紙工作の面白さ・楽しさを教えてきた方。退職後この地に移転し、野草などを使った和紙作りをしたり紙漉き教室を開いています。私の電話を受けたあと、相沢さん自身もバナナペーパー作りを何回も試みたと語っていました。

　奥様手作りの昼食をいただいたあと、いよいよ紙漉き工房でバナナ繊維の抽出が始まります。茎の内側と外側とでは繊維の強度が違うこと、また紙に適している層から削るように抽出する必要がある等の説明を聞きながら手ほどきを受けるうち、ルワンダで課題となった点が明確になっ

相沢さんから繊維取り出しの箇所と方法を学ぶ

自分でさっそくトライ

木々に囲まれた相沢さんの住まい

てきました。

緑鮮やかな木々の中で、川のせせらぎや小鳥のさえずりを聞きながらの作業を通して、今まで誤解していた繊維の取り出し方について、しっかりと学ぶことができたのです。

改善点が明確になり、改めてバナナペーパー作りの工程を確認するため、後日、夫の友人で沖縄県石垣市に住む池城安廣さんに、自ら所有する山で育ったバナナの茎を送っていただき、自宅で煮熟《しゃじゅく》、叩解《こうかい》などの作業を繰り返しおこないました。

4 キブンゴにHATのバナナペーパー製作工房を建設

JICA青年海外協力隊員のサポート

こうして、ルワンダで、化学薬品を使わずに、手作業で上質のバナナペーパーを作る「バナナペーパー・プロジェクト」の第一の課題が解決しました。次は、それを本格的に始める準備、具体的には、屋根のある作業所（工房）の建設です。

ワークショップのあと、帰国する前に、前回訪問（2009年）した折にお会いしたJICAキガリ事務所の鈴木文彦さんに報告するとともに、バナナペーパーを作る工房の候補地について相談しました。鈴木さんは「えっ⁉ コーヒーではなくバナナペーパーですか」と、少し驚いておられましたが、幸いにも、「以前からJICAが青年海外協力隊員を派遣している手工芸品販売協同組合（COVEPAKI＝コベパキ）がキブンゴにあり、新しい隊員がもうじき配属されるので、その組合と新隊員をご紹介しましょう」と言ってくださいました。

キブンゴは首都キガリからバスで南東に約2時間、バナナがひときわ多く群生するンゴマ郡にあります。同年3月、着任して間もない新隊員の長原亮太さんを通して、COVEPAKIとの本格的な話し合いが始まりました。

COVEPAKIの店舗は、長距離バスの発着所からほど近い場所にあります。建物の横や後方が空き地になっているので、そこに工房を建設してよいか、長原さんから打診してもらうと、幸いにも、すぐOKしてくれたとのメールが届きました。

その後も具体的な話し合いを進め、予算および工房の概要について合意に至った同年9月、建設許可を取るためキブンゴを訪れました。初めて会うCOVEPAKIのメンバー（パスカル代表以下男性5人と女性2人、クリーニング係の2人）9人が待っていて、すぐミーティングに入ります。

その後、「それではンゴマ郡庁事務所に行って、建設許可を申請しましょう」ということになり、パスカル代表、経理担当のフレデリック、長原さんとともに、近くにある郡庁に向かいました。部屋に通され、担当官2人に計画を話すと、工房の規模を聞かれました。「その規模だと、表通りではなく裏のほうに建てるように」との指示です。キガリでも強制立ち退きの現場をあちこちで目にしてはいましたが、「小さい、汚い建物は奥に隠す」という政府の方針が露骨に感じられました。

それでも、手工芸品を扱い、ミシンを使う縫製サービス、また古タイヤからゴム印などを作る技術者（アーティストと呼ばれている）を抱える組合店舗の裏手にHATの工房を建てることができれば、バナナペーパー・プロジェクトの大きな第一歩を踏み出すことができます。

さっそくパスカル代表に紹介された施工業者に挨拶し、予算額の半分を支払い、残りは完成時に精算することで話がまとまりました。建設予定の場所で建物の向きなどを確認していると、郡庁の担当官が見にきて、もう少し後ろに下げるようにと、追加の指示をします。なかなかうるさいですね！

道路より少し高台に建つCOVEPAKI店舗

COVEPAKIスタッフとJICA青年海外協力隊の長原さん

ンゴマ郡庁でHAT工房建設の認可を受ける

バナナペーパー作りが始動

まずはバナナペーパーについて、COVEPAKIのスタッフにも知っておいてほしいと思い、手順を教えながら作り始めました。

しかし、そこですぐ厳しい現実に直面しました。繊維の取り出し、灰を入れての繊維の煮熟まではよかったのですが、繊維を洗う水が近くにありません。道を挟んだ向かい側の、放置されたベッドにビニールを張った仮設貯水場から、バケツで運ばなければならないのです。

また、このあたりは土質がさらさらで、繊維の叩解に耐え得る硬い石がありません。赤レンガは少しの力ですぐ割れてしまいます。やむを得ず、できるところまで叩解をして、何とか紙漉きまでたどり着き、2日がかりでしたが、ひととおりの手順を教えました。アーティストの1人チャレスの真剣な姿勢が印象的でした。

申請が許可された翌日、建設現場の空き地には早くもレンガとセメントの袋が運び込まれ、土台作りが始まりました。完成は10月末の予定です。パスカル代表はミーティングで、「この地からバナナペーパ

最初の工程＝繊維の取り出しを教える

COVEPAKIでBP作りを開始

ーを全国に広めたい」と、ＨＡＴのバナナペーパー・プロジェクトへの期待を述べました。
「この工房で上質のバナナペーパーを作り、魅力的なクラフト製品を作ろう。そして生活用品、また土産物品として国内外のマーケットで販売し、雇用の機会を広げよう」との決意を新たにした訪問でした。

待望のＨＡＴバナナペーパー製作工房が完成

２０１１年11月、この年三度目のルワンダ訪問。09年まで同行してくれていた夫に代わり、今回は飯塚光一さん（応援してくださっている飯塚達也さんのご子息）が同行してくれました。夫は長年の無理が原因でしょうか、この年5月に体調を崩して入院。退院後は、日常生活に支障こそないものの、アフリカへの長旅は控えることにしたのです。「自分はこれから兵站《へいたん》、留守番役だ」と言っていました。

飯塚さんと私のスーツケースに、工房で使うミキサー（２００ＶＡ）、木枠、ネット、タッカー（木枠作りに使う建築用のホッチキス）、ハンマー、料理用ハサミ等の道具類を分けて詰め込み、さらにステンレス製の大きな寸胴鍋（現地で使われているアルミ製鍋はアルカリ性液に弱い）を持っていくことにしました。キガリの空港で、税関職員から「これは何のために使うのか」と質問されたほど大きなものでした。

キガリからキブンゴへは、いつものとおりバス（マイクロバス）で行くつもりでしたが、大きな鍋は紐で縛って窓から外に吊るすと言われ、今回はタクシーでの移動となりました。

COVEPAKIの近くで車を降りると、真新しいレンガ造りのHAT工房が完成していました。小ぢんまりしたたたずまいですが、電気も引かれ、このあたりではかなり近代的な施設です。水汲み場からパイプで水を引き、工房入口の脇に蛇口も設置しました。

中は殺風景ですが、机やイスなどの家具はこれからとのこと。聞くと、「本当は2週間前にできているはずなんですけどね。今朝も確認したのですが、まだ……」と。これがアフリカンタイムなのでしょう。

翌日確認すると、サイズが違っていて、中に運び入れることができません。長原さんが事情を問いただし、急いで作り直すよう指示してひとまず帰ってきました。

机とイスは2日後に届き、皆でニスを塗って、ようやく工房らしい装いに。その翌日には、COVEPAKIのメンバーと話し合いをおこなう時間を持ってもらいました。バナナペーパーに対する、皆の率直な意見を聞きたかったからです。

COVEPAKI店舗の後方に建つHAT工房

COVEPAKIのメンバーもやる気満々

ミーティングでの、私の質問とメンバーの意見を記しておきましょう。

「バナナペーパー作りをどう思いますか？」

「大変感謝している。とても興味深い」

私が作ったグリーティング・カードを示し、一人ずつ感想を求めると、

「ぜひ作りたい。工程をきちっと教えてほしい。デザインはいろいろ考えられる」

店内の布の切り絵を見せるスタッフもいました。

「もし大量に注文を受けたら、どのように生産するつもりですか？」

「夜遅くまで働く。技術を習得し、生活が苦しい未亡人たちにも教えたい」

など、意欲的な意見が出ました。

また、スタッフの一人から、「なぜ機械を使って大量生産しないのか」との興味深い質問も。おそらく他のメンバーも同じように考えていると思われたので、手作業にこだわる理由を説明しました。

機械を使うためには大量の電力と水が必要だが、キブンゴでは両者とも難しいこと。また、機械を使った紙作りは化学薬品を使うので、土壌が汚染される恐れがある。その上で、洋紙と和紙

の違いについて説明し、手漉きのバナナペーパーは日本の和紙の伝統技術で作る〝工芸品〟なのだとも。

最後に、販売価格と原価（材料費・諸経費）について話しました。手取り（利益）を増やすには、原価をいかに下げるかを考える必要があることを、具体的な数字を書きながら説明すると、口々に何か言いながら身を乗り出してきます。ミーティング後の彼らは、主体者という意識が出てきたのでしょう、意欲的な姿勢が見られ、工房での作業にも積極的に関わるようになってきました。

パスカル代表に、誰がCOVEPAKI側の責任者を務めてくれるのかと尋ねると、すぐにアーティストのチャレスを指名。協力隊員の長原さんとチャレスが相談しながら進めれば、彼の任期が終了しても生産は続けられるだろうと安心しました。

店舗内でCOVEPAKIスタッフと協議

いよいよBPプロジェクトが始動

開所式には、キブンゴ市長など地元の有力者が出席

ミーティング終了後、パスカル代表から、工房の開所式を2日後（12月8日）におこなうとの話がありました。急な話で驚きましたが、素敵なバナナペーパー・カードを展示して地域のゲストをお迎えしたいと、さっそく準備に取りかかりました。

翌日の朝までかかっていろいろアイデアを練り、クリスマス・カードも含め5種類作ることに。COVEPAKIのメンバーも総出で、カード作りと工房内の飾りつけを始めます。

式には、キブンゴの市長、町長・村長・地域の役員や名士たちが出席、地元の新聞や放送局等のメディアも駆けつけました。市長によるテープカットが済むと、100人ほどの出席者たちは、工房内に飾られているできたてのカードを珍しそうに眺めたり触ったりしています。

COVEPAKIのスタッフは皆正装し、晴れやかな面持ちです。市長が木枠を手にしながら、用途や作り方について尋ねると、チャレスがすかさず前に出て、「My Paper」と言いながら説明。自分たちが作った、自分たちのバナナペーパーであるという意識が彼らの中にすでに定着している――そんな印象を受けました。

私は「世界初となる手漉きによる〝バナナ・エコ・ペーパー〟が、このキブンゴからルワンダ国内、そして世界へと広がり、雇用機会の拡大につながることを祈っています」と挨拶しました。最後に市長が「HATの取り組みに感謝・歓迎し、今後の推進を期待します」と話され、その模

様は同日の夜7時と7時半にローカルの、また翌日は全国向けのラジオ放送でも紹介されました。

開所式をめざし、急ピッチで進む作品づくり

初のMade by COVEPAKIカードが、開所式でお披露目

地元の市長ら有力者も出席したHAT工房開所式

5　乳ガン発症でやむなく足踏み

健康診断で思わぬ結果が

　さて、プロジェクトの本格的なスタートを目前に控えていた2011年12月末、年も押し詰まっていましたが、健康診断を受けました。そのときの触診検査で「胸にしこりがある」と言われ、エコーによる再検査でも結果は同じでした。さらに、年明け早々、マンモグラフィーやMRIの検査を受けても、やはり乳ガンという診断。まさに青天の霹靂《へきれき》です。

　幸い、初期だったので転移はなく、すぐ入院して切除手術を受けるようにとのことで、2月初めに手術を受けました。経過も順調でホッとしていたところ、医師から「実は、たちの悪いガンなので、すぐに抗ガン剤治療と放射線治療を始める必要があります」と言われました。

　前年末にHAT工房が完成したばかり、さあこれからという矢先に、思いもかけない事態となりました。医師によると、「抗ガン剤治療は2種類の薬を2カ月ずつ計4カ月、その後放射線治療をするので9月頃までかかる」そうです。さらに、「抗ガン剤治療により、内臓し粘膜が損傷を受ける可能性がある」とも言われました。「内臓がダメになっても治療を続けるのですか?」と聞くと、「その時はいったん中断し、内臓を治療してからまた続ける」との説明です。

私のガンは初期で、転移もありません。それでも、内臓にまで及ぶダメージがあり、根本的な体力を損なうと思われる抗ガン剤治療を受けなければならないのだろうかと悩みました。

抗ガン剤で完治するのであれば辛くても受けますが、「再発の可能性を低くする」との説明で、ガンの核が死滅するわけではないといいます。体力が弱まればかえってガンが増殖するのではないかと、素人ながらどうしても納得できず、3人のドクターにセカンド・オピニオンを求めました。

2人のドクターは抗ガン剤治療を勧め、うち1人は「医者が言うのだから従ったほうがよい」と言います。主治医はといえば、セカンド・オピニオンの話をした時点で態度が一変しました。診察の時もパソコンのほうを向いたままで、私と目を合わせようとしないのです。

それでも、自分の体のことなので、術後いろいろな本を読み、セカンド・オピニオンを聞く中で、ガンを引き起こす一因は老化やストレスであることを知りました。また、代替治療や免疫細胞療法などについても少しずつ知識を得ていくうちに、命について、また死について、改めて考えるようになりました。

そして不安はあったものの、最終的に抗ガン剤治療は受けず、免疫力を高める努力をしようと決めたのです。具体的には、3人目のドクターが処方する漢方薬の服用と、食事の改善および運動を心がけることにしました。

人間はワクワクしたり笑ったりすると免疫力が高まるとも聞きます。これからの人生を有意義に過ごす、目的に向かって前向きに行動することが、ガンに打ち勝ち、再発も防ぐ最善の選択であろうと心に決め、生まれ変わった気持ちで歩き出すことにしたのです。

とりあえず国内での活動に全力

当初は2012年3月にルワンダ行きを予定していましたが、私自身の予期せぬ事態のため、やむなく延期を決め、現地の長原さんと連携を取りながら、キブンゴでバナナ・エコ・カードの本格的な生産を始めておいてもらうことにしました。

まずは日本から何種類かのデザインサンプルを送り、そのとおりに作るよう指示しました。それをHATが買い取り、イベントでの販売や通信販売を進めていくという計画です。同時に、ルワンダのスタッフたちのこと、またHATの取り組みについて広く訴える活動も始めました。

4月には、チャールズ・ムリガンデ駐日ルワンダ大使にお目にかかり、バナナペーパー・プロジェクトに

日本からデザインサンプルを送って、カード製作を指示

ついて報告したところ、激励のメッセージを寄せてくださいました。5月にはNPO非木材グリーン協会の紹介で、東京・品川で開催された「エコ・フェスティバル」に出店、日本で初めてバナナ・エコ・カードの販売も始めました。

岩手県奥州市の相沢征雄さんの地元では、県紙「岩手日報（2012年5月31日付）」に、HAT工房が完成し、いよいよ生産がスタートすることが紹介されました。

時を同じくして、ルワンダの新聞（Imvaho Nshya）でも私たちの活動が報じられました（7月28日付）。記事には、「COVEPAKIで、何かすごいものを作っている」と書かれていたそうです。バナナ・エコ・カードはルワンダで初めて目にする商品だから、デザインが素敵だから、ふだんは実を取ったあと捨てているバナナの茎からまったく思いもよらない作品ができるから、といったところでしょうか。

そして日本でも、雑誌「ソトコト」（2012年9月号）に、「原材料はバナナ　ルワンダのエコ・ペーパー」とのタイトルで、バナナ・エコ・カードの紹介記事が、また、「自治体国際化フォーラム」（同年10月号）にも、「美味しいコーヒーの一杯でアフリカ農民支援　生活・教育環境の向上目指し、手作り支援」とのタイトルで、2ページにわたりHATの活動を紹介してくれました。

こうした記事を目にした多くの読者が、HATの活動を通してルワンダの農民が置かれている状況を知り、彼らをより身近に感じる一助となってくれたらと願っています。

その年（2012年）の秋は、毎年参加する「グローバルフェスタ（日比谷公園）」と、「みなと区民まつり（芝公園一帯）」が、同じ日（10月6・7日）の開催となったため、ボランティアの皆さんには、二手に分かれてサポートしてもらうことになりました。

幸い、「みなと区民まつり」のブースでは、コーヒーを淹《い》れる許可を保健所から得ていたので、日比谷の「グローバルフェスタ」で紹介する試飲用コーヒーも一緒に淹れ、そのポットをボランティア・スタッフの方に、自転車で日比谷公園まで運んでもらいました。なんとか両イベントを無事に終えることができ、いつもながら、ボランティアの皆さんの真心の応援には心の底から感謝しています。

また、この年からはコーヒーの販売に加え、バナナ・エコ・カードの紹介と販売も始めたた

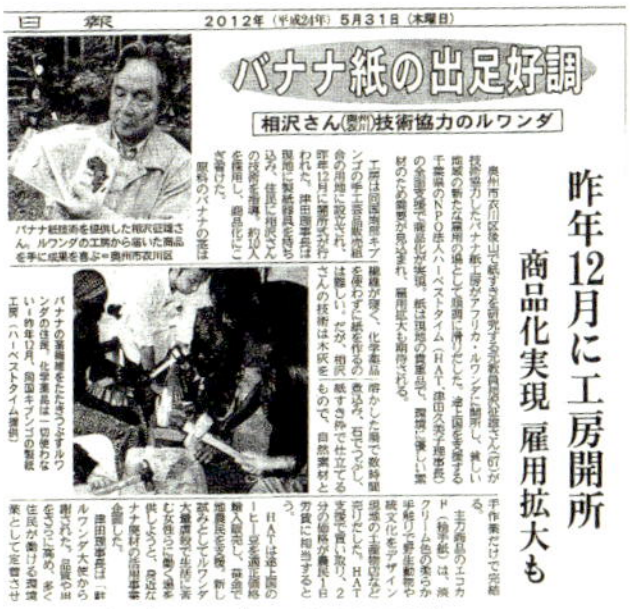

岩手日報（2012年5月31日付）

ルワンダの新聞（Imvaho Nshya・2012年7月28日付）

「ソトコト」（2012年9月号）

「自治体国際化フォーラム」（2012年10月号）

め、どちらも例年以上に大忙しでした。ブースに立ち寄られた人たちはカードを手に取り、アフリカらしいデザインやバナナペーパーの風合いに、興味や関心を寄せてくださいました。また、さまざまな質問も寄せられるなど、多くの皆さんに、ルワンダのバナナ・エコ・カードを知っていただくよい機会となりました。

そうした中に、国立民族学博物館（大阪・吹田市）の先生がおられました。ブースでの説明を聞いてHATのルワンダでのバナナペーパー・プロジェクトに強い関心を寄せてくださったのです。後日、同博物館の広報誌「月刊みんぱく（2013年7月号）」に、「多文化をあきなう――バナナの紙が仕事をつくる」とのタイトルで、拙い一文ですが、原稿を書かせていただきました。

HAT工房開所式の写真が、「成長するアフリカ賞」に！

またこの年は、「グローバルフェスタ」の主催者である外務省が「アフリカ写真展」を企画していました。これは、翌2013年6月に横浜で開催が予定されていた第5回アフリカ開発会議（TICAD V）に向けた広報活動の一環で、近年いちじるしい発展を見せているアフリカ、成長

「月刊みんぱく」(2013年7月号)

する元気なアフリカとともに活躍する、日本の団体（NGO、企業、援助機関等）や個人の写真を展示する催しです。

多くの応募作品の中から、NGO・NPOと個人の各3作品が選ばれたのですが、その一つに、前年12月に完成したHATバナナペーパー製作工房の開所式の写真があったのです。工房のスタッフたちが、バナナペーパー・カードを手にした市長や来賓に、作り方や道具について説明している様子を飯塚光一さんが撮ったもので、「成長するアフリカ賞」に選ばれました。

ちなみに、「元気なアフリカ賞」は日本財団、「アフリカ絆賞」は難民を助ける会と、HAT以外は、いずれも長期にわたりアフリカ各国で活動しているメジャーな団体です。

その後、これら受賞作品は他の写真と一緒に、翌年にかけて各地の国際協力イベントを巡回、最後は第5回アフリカ開発会議の会場に展示されました。

外務省主催の「アフリカ写真展」授賞式

「成長するアフリカ賞」を受賞した「HAT工房開所式」の写真

6 2年目を迎えたバナナペーパー・プロジェクト

目標は、「バナナ繊維100％」

2012年11月、乳ガンの手術から9カ月たった頃、健康面の不安は多少ありましたが、バナナペーパー・プロジェクトをさらに推し進めるため、1年ぶりにルワンダを訪問しました。前回に続き飯塚光一さんが同行してくれました。

手術後はもっぱら現地とメールのやり取りだけでしたが、考えてみると、08年から毎年のように同国を訪れており、今回が6回目の訪問。COVEPAKIに配属されていた長原さんが任務を終えて帰国するのに伴い、HAT工房の今後の活動について協議するためです。

キブンゴは首都キガリから高速バスで南東に2時間ほど。バスを降りてすぐ、COVEPAKIの店舗のすぐ後方に建つHAT工房を見た時は、感慨もひとしおでした。

初日はメンバーとのミーティング。パスカル代表はじめメンバーの懐かしい顔を見ると、「帰ってきたな～」との思いが込み上げてきます。組合メンバー以外の、バナナペーパー・スタッフも集まっていました。

さっそく、翌年の取り組みについて話し合いました。工房がオープンして1年あまり、その間日本から何回かバナナ・エコ・カードを注文し、同時にルワンダ国内で販売する商品も作っていたため、スタッフは手慣れた様子で、茎から繊維の抽出、煮熟、叩解など、パルプ作りの工程を自力でこなせるようになっていました。

堅い木を縦割りにして、叩解の台に

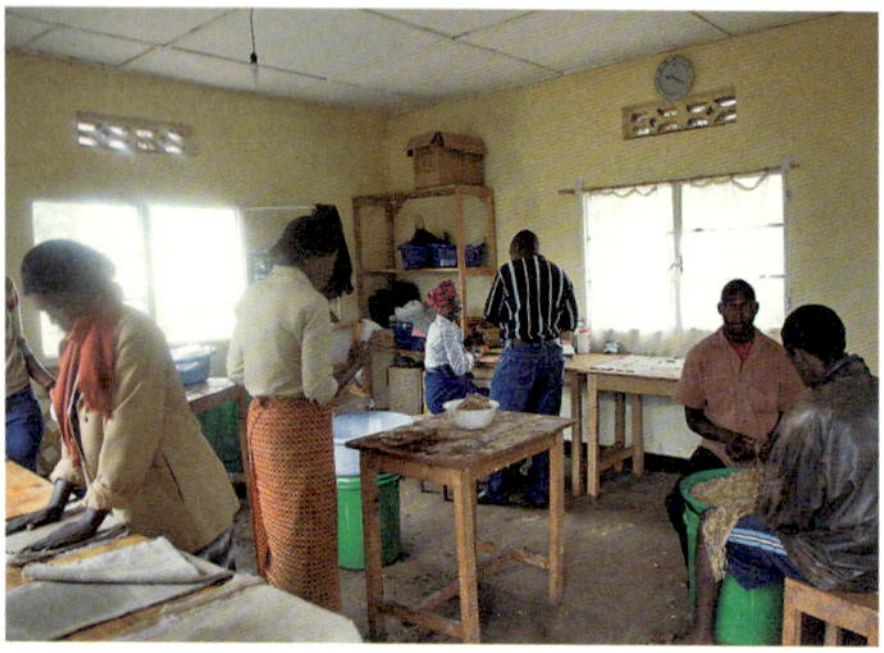

HAT工房で分担して作業するスタッフ

A3サイズもむらなく漉けるように

台となる固い石が手に入らない中、叩解作業をどのようにおこなっているかが心配でしたが、硬い木を縦に割ったもので代用していました。ルワンダに来られなかった1年間、HAT工房で頑張ってくださった長原さんの尽力には心から感謝しています。

ただ、一つ気になったのが、混ぜている古紙のことです。キブンゴにはリサイクル用の紙、日本なら簡単に手に入る新聞紙や牛乳パックなど、良質な古紙がありません。そのため現地では、捨てられている段ボールを細かく切断してドロドロにし、バナナ繊維と混ぜて使っていました。

カードや箱類を作るのには適していますが、残念ながら仕上がりは茶色の厚紙のような感じで、和紙の風合いとはほど遠いものになっています。この点を改善し、バナナ繊維100％の漉き上げができなければ、より付加価値の高いクラフト製品を作るのは難しいのです。

ハードルは少し高くても、また時間はかかっても、今後は通常のもの（今まで製作した箱、ファイル、カード等に適した厚めのバナナペーパーに加えて）と、和紙のような風合いのものと2種類のバナナペーパーを作っていこう、具体的な準備や教え方については、段取りをよく考えた上で、次回以降に取り組むことにしました。

バナナペーパーの筆箱100個を小学校に寄贈

今回の訪問で力を入れたのは「スクールキャンペーン」です。以前から私は、日本でバナナペーパーの製品を買い取るだけでなく、この数年ＨＡＴが東アフリカ３カ国で取り組んできた「学校や教育施設への学用品プレゼント」に、バナナペーパーで作ったクラフト製品を活用できないかと考えていました。そして思いついたのが、厚手のバナナペーパーで筆箱を作り、中にボールペンを入れて現地の学校に贈呈することです。

そこで、日本を出発する前に筆箱のサンプルと型紙を送り、私が到着するまでの間に１００個作っておくように依頼しました。現地のカラフルな布で角の部分を補強し、ミシンも使って仕上げてくださいと。

幸い、ＣＯＶＥＰＡＫＩの縫製スタッフが担当してくれ、大変助かりました。私が工房に到着した時は、スタッフ用の22個と合わせ、１２２個の筆箱が机の上にきれいに置かれていました。出来映えは上々で、皆で一つずつチェックしながら、キガリで購入した鉛筆と消しゴムを中に入れていきました。

第1回目の贈呈式は、ＣＯＶＥＰＡＫＩから5キロほど離れた小・中学校で、私の滞在中に実施しました。

当日は、朝からあいにくの豪雨。ルワンダでは、大雨の日は「じっと動かず雨宿り」というのが常識です。バスも止まり、ホテルで足止めを

ボールペン2本を入れて

布で縁取りをしたBP筆箱

食ってしまいましたが、予定時刻を2時間ほど過ぎたころようやく小降りになり、急いで学校に向かいました。

筆箱を詰めた大きなダンボールを抱えて学校に着くと、あちらこちらに水たまりができた校庭に、700~800人ほどの生徒が待っています。平屋の校舎と生徒の数とのアンバランスに驚きながら中に入ろうとすると、生徒たちが一斉に駆け寄ってきて立ち往生。

やっとの思いで校長室までたどり着き挨拶を交わしたあと、今回の目的を、HATの活動等も交えながら手短に話すと、先生は「ありがとうございます。今後も継続的に支援してほしい」と言われて、すぐに感謝状を書き始めました。

筆箱の贈呈は、各教室に分かれておこないましたが、移動するたびに大勢の子どもたちがついてきますし、教室も子どもたちで溢れ返っています。贈られるのは各クラスでわずか3~4人の成績優秀者だけなのですが、名前を呼ばれた子どもに筆箱を渡すと、まるで宝物にでも触るように、大事そうに受け取る姿が印象的でした。

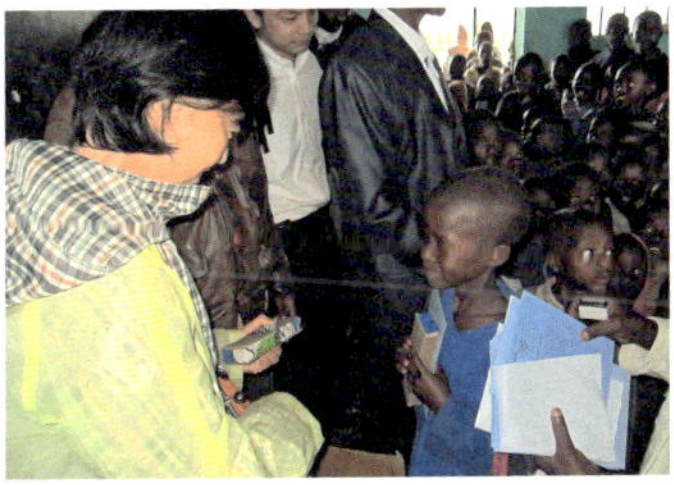

BP筆箱を宝物のように受け取る児童

BP筆箱贈呈のため訪れたキブンゴのニャンガリ小・中学校で大歓迎

毎月寄せられる嬉しい報告

生徒たちの大多数が貧困家庭の出であることも見て取れました。粗末な服装でサンダル履きの子どもがほとんどで、また頭にはシラミがいると思われる子もいます。このとき訪問した公立ニャンガリ小・中学校の校舎は木造平屋建て、教室の数は10もなかったのではないでしょうか。机やイスもとても十分な数がそろっているとは思えません。

また、児童・生徒の数（小学生1229人、中学生657人）に比べ、先生は小・中学校合わせてわずか23人。キガリで、ユニフォームを着た30人ほどの生徒が、整地された校庭で、先生と一緒に体操をしていた私立の学校を目にしたことがありますが、それとは比ぶべくもありません。キブンゴで知り合った何人かのルワンダ人に聞いたところ、多少無理をしてでも、子どもたちを私立学校に通わせたいと考えている親が多いそうです。設備や学習内容が公立の学校とは全然違うとのことでした。

鉛筆・消しゴム付きバナナペーパー筆箱100個をキブンゴの小中学校に贈る「スクールキャンペーン」は翌年1年間、休校期間を除いてほぼ毎月実施しました。どの学校に贈るかは、COVEPAKIと市役所とで相談して決めてもらいました。筆箱を作ることで工房のスタッフは毎月収入を得られますし、それを小学校に贈呈すれば子どもたちも工房のスタッフもハッピーになれるので一石二鳥です。

児童・生徒の全員が整列し保護者も参加する中での贈呈式や、子どもたちがお礼の気持ちを込め、校庭でルワンダの伝統的なダンスをのびのびと披露してくれている様子など、毎回さまざまな写真が感謝状とともに送られてきます。

感謝状の内容も、初めのうちは教師や保護者たちの感謝の言葉だけでした。それが、「バナナペーパーから筆箱が作れるのはとても素晴らしい。生徒たちはやがて作り方を学び、自ら作り始めるでしょう」「今度は作り方を教えてほしい」と、回を追うごとに変わってきました。

この活動を通して子どもたちが勉強意欲を高め、併せて自分たちの地域で育つバナナ茎から筆

「ありがとうございます」

喜びをダンスで表現

保護者が見守る中で贈呈式

「大事に使います」

箱ができることを誇りとして、もの作りの心をはぐくんでいってほしいと願わずにはいられません。

　そして私は、バナナペーパーを使った高品質の、家庭で使われる需要の高い製品をルワンダ人自身が考え、作れるようになるまで関わっていきたいと考えていました。

キブンゴのホテルから工房への通い慣れた道

4章

いつも“No Problem.”、
それが…プロブレム！

1 バナナ繊維100%のバナナペーパーとランプシェード

COVEPAKIとのパートナーシップに不安

7回目のルワンダ訪問は2013年3月。その前が前年の12月だったので、4カ月ぶりとなります。前々回（2011年12月）と前回は、飯塚光一さんが同行してくれましたが、今回からは私ひとり。これまで現地でサポートしてくれていたJICAの青年海外協力隊員もいません。多少の不安はありましたが、自然体でいこうと決めていました。

初日はCOVEPAKI（手工芸品販売協同組合）恒例の朝のミーティングからスタート。同組合のメンバー全員のほか、バナナペーパー（BP）のスタッフも顔をそろえていました。代表の挨拶のあと、責任者のチャレスから工房での作業状況を聞き、私からは今回の訪問目的を話しました。

今後需要が高まると思われる、ランプシェードの製作。

そのために必要となる、バナナ繊維100%の薄いピュア・バナナペーパー作り。

日本から持参した備品や工具のメンテナンスの大切さ、特に、ミキサーを長持ちさせるための注意点と、工具の管理方法については、実際に使ってみせながら説明しました。

日本で漉《す》いたピュア・バナナペーパーを見せると、これまでの古紙（ダンボール）を混ぜたバナナペーパーとは色や感触が大きく異なるため、スタッフたちは手に取って指でなでたり、透かし見たりしていました。彼らの表情を見ると、自分たちに同じものが作れるだろうかといった不

工房入口にHATの看板

訪問の目的は、バナナ繊維100％のピュアBPへの軌道修正

石鹸をBPで包装し、アカゲラホテルに納入

安も感じられます。

最後に、生産と並行して販売も進めていく必要があるので、国内のマーケットを開拓していきましょうという話をしました。すると、「現在は、ヨーロッパのバイヤーが少し、それと組合から車で1時間ほど南に行ったサファリパークのアカゲラホテルに、バナナペーパーで包装した土産用の石鹸を届けている」との答えが返ってきました。どうやら営業活動はほとんどおこなっていない様子です。

責任者チャレスからの意外な提案

その時チャレスから、「販売促進の予算を組んでほしい」という話が出ました。これまでと違い、今回はとても積極的な発言、行動が目立ち、リーダーとしての自覚を深めているようで、何とも頼もしい印象を受けます。

ミーティングが終わって詳しく話を聞くと、「今まで13年間、ハンドクラフトの世界で働いてきた。私は国内に広く人脈を持っている。バナナペーパーはまったく新しい商品なので、サンプルを持って多くの友人・知人に紹介したい。交通費や食費が必要だが、組合からその費用は出ないし、勝手な行動は認めてもらえない」と言うのです。

そこで私は、「毎月1回、プロモーションの日を取ってはどうかしら。とりあえず、今後6カ月間の交通費や食費は応援しますから」と提案しました。「月1回なら、組合の代表に許可をもらって動ける」とのことだったので、他の組合スタッフの了承も得た上で、国内マーケットの開拓に向け新たな一歩を踏み出すことになりました。そして、キブンゴを発《た》つ日に、当面の販売活動費として100米ドルをCOVEPAKI側に渡しておきました。

帰国後ひと月ほどして、チャレスからメールが届きました。誰に会って、どのような話をしたのかが詳しく書かれ、販路拡大の可能性が見えてきたといった内容でした。とても充実した時間を過ごした様子が、文面から伝わってきます。

彼と話し合ってよかった、これでマーケットの開拓が進み、より多くの人たちの目に触れれば需要も拡大するのではないかと、手応えを感じました。「今後も引き続きマーケティングを進めてください。嬉しい報告を待っています」と、すぐ返信しました。

しかし、その後彼からの報告は届きません。どうしたのだろう、COVEPAKIとの関係がうまくいっていないのだろうか、それとも何かあったのだろうかと気を揉《も》みました。

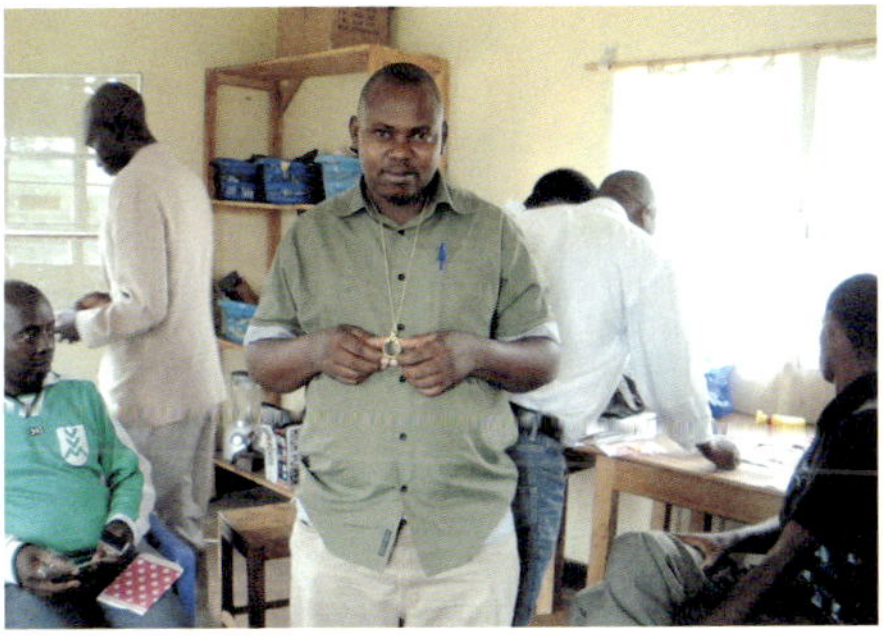
チャレスからマーケットプロモーションの申し出が

ピュア・バナナペーパーへの軌道修正は難しい

さて、今回の滞在期間（1週間）の中ではたしてどこまで教えられるだろうか、一抹の不安を感じながらも、まずはピュア・バナナペーパーを作ることから始めました。

これまでは叩解《こうかい》が不十分で繊維がさほどつぶれていなくても、古紙を混ぜていたため、あまり目立たなかったのですが、ピュア・バナナペーパーの場合は、叩解のよし悪しが紙の出来具合にそのまま反映します。その点を説明し、しっかり叩解するように指示しました。

何十枚もの紙を作る場合、まとまった量の繊維を十分に叩解するには、相当な労力が必要です。しんどい、疲れたといった態度も見られましたが、「もう少し頑張ろう」と励ましました。

ネリには、キャッサバ（熱帯地方で広く栽培されているイモ類。根茎に多量のデンプンを含む。タピオカの原料）を粉末にしたウブガリを使い、漉《す》き上げる際、今まで以上に薄く、繊維が均等に入るよう注意します。「あ、ちょっと繊維の量が多いわね」「その調子、その調子！」

さて、紙質は？　今一歩です

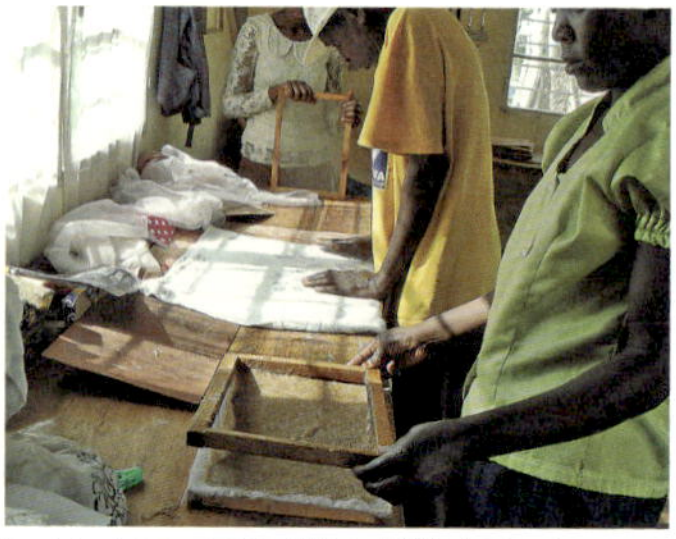

いよいよピュアBP製作に挑戦するスタッフ

などと声をかけながら、ピュア・バナナペーパーを、一枚一枚漉き上げていきました。

乾燥させアイロンをかけてみたのですが、残念ながら繊維が片寄っていたり穴が空いていたりするなど、薄くしなやかな紙にはなっていません。「やっぱり古紙を混ぜたほうがいい」という言葉も出てきましたが、ここからがスタートとの思いで、「頑張りましょう」と訴えました。

ランプシェードの骨組み作りを教える

翌日は、ランプシェードの骨組み作りです。日本から6個分の材料を持参しましたが、スタッフ全員には行きわたりません。彼らはまるで小学生のように、我先にと材料と作業スペースを確保し、それができなかった人は、後ろから作業の様子を真剣な眼差しで見守ります。

ルワンダでは、ほとんどの生活必需品、たとえば靴、文房具、プラスチック製の家庭用品、ちょっと気の利いたアクセサリーなどはケニアやウガンダなど隣国から輸入しており、国産のものといえばバスケットぐらいしかありません。

ここでバナナペーパーを使ったランプシェード作りの技術を身につければ、新しいマーケットを開拓できるため、皆真剣な面持ちで取り組んでいます。

そんな様子を、工房前の通りからのぞきにくる人もいます。工房入口のドアは作業中開放しているので、見ず知らずの訪問者が後を絶ちません。なかには、工房にずっといて片付けや掃除を手伝ったり、2日続けて来たりする人もいました。

手工芸品を扱うCOVEPAKIは、キブンゴではコーヒー、バナナワインの製造組合とともに、3本の指に入る組合です。まして、国内ではまだ誰も作っていない、バナナペーパー・クラフトやランプシェードを作れば、彼らにとっては、他の組合が真似できない、大きな強みになるのです。

手作りした骨組みに、やはり自分たちで漉いた紙を貼ってランプシェードを完成させるまで、

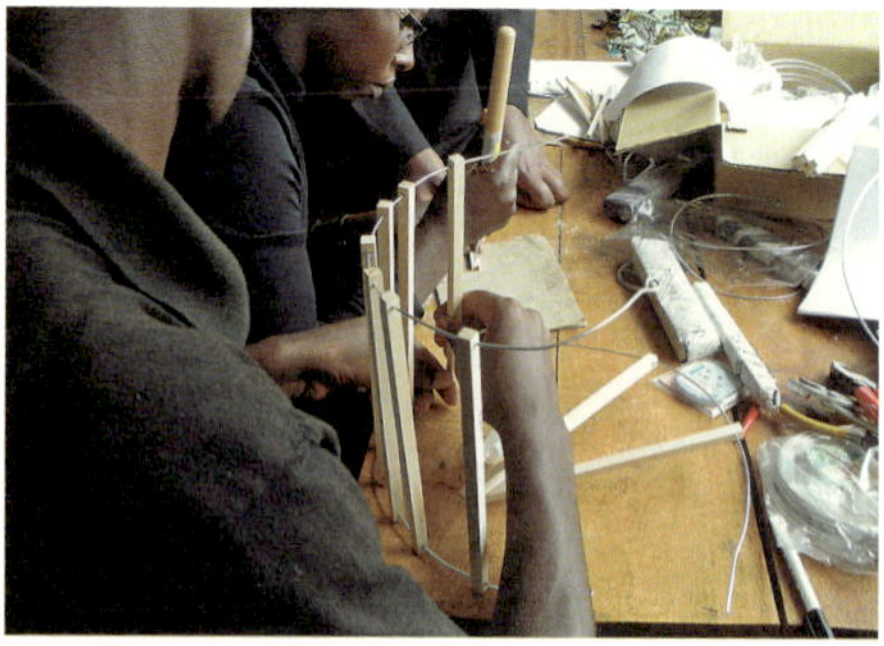

ランプシェードの骨組み作りを教える

骨組みが完成

ランプシェードは、ピュアBPの完成が前提

真剣な作業が続きます。そしてついに、バナナペーパーの素朴な色合いや優しい風合いの、素敵なランプシェードが完成しました。とはいえ、紙質もスタンド部分も、まだまだ工夫の余地があります。それでも何とか製品が完成したことで、スタッフたちは「私も欲しい！」「いくらで売れるかな？」などと言いながら、とても嬉しそうでした。

2 突然舞い込んだ「立ち退き」の話にびっくり

COVEPAKI代表への疑念

キブンゴ滞在中に、経理担当のフレデリックから、思いがけない話を聞かされました。COVEPAKIの店舗とHAT工房がある一帯にホテルが建てられることになり、ンゴマ郡庁事務所から立ち退きを迫られているというのです。

すぐ市長と会うようにと言われ、何がどうなっているのかよく分からないまま、翌朝、指定された時間に、COVEPAKIの副代表と通訳と私の3人で、郡庁事務所に向かいました。

2~3時間ほど待たされたあと、ようやく面会がかないました。ソファーに斜めに座り、なかなか私たちのほうを向かない市長は、まるで時代劇に登場する悪代官のよう。もちろん、こちらの話もまともに聞いてくれません。

立ち退き要求の概要がまったくつかめないまま、「工房ができて1年余、本格的な作業はこれからという時に工房がなくなるのは困る。この地で新しい事業を興したい」と必死で訴えましたが、まったく聞く耳を持たない雰囲気です。

市長は、「すべてCOVEPAKIに任せればいい。安心してほしい」と、一方的に話すだけ。突然の、しかも仕組まれていたかのような市長との面談。何が何だかさっぱり分からず、この先どうなるのか予測がつきません。まるで雲の中にいるような感じでした。

キブンゴ滞在の最終日（4月5日）、この間ずっと出張で留守だったパスカル代表が帰ってきて、さっそくミーティング。これまで数回のルワンダ訪問の際も、キガリでの大規模な立ち退き現場を目にしてはいます。慣れ親しんだコミュニティから強制退去させられ、割り当てられた移転先の土地で、決められた作物を栽培するように指示される等の話を聞いた時は、「大変だなぁ」と思っていました。

しかし、そうした有無を言わせない強権的な行政の決定に、私自身が当事者として関わることになろうとは……。彼らの苦しみを期せずして共有することになりそうです。

ミーティングでは、パスカル代表から「移転後もHATとともに、バナナペーパーとスクール・キャンペーンのプロジェクトを続けていきたい」との話があり、最後に「今後、ンゴマ郡庁事務所と話し合いを始めるので、何か進展があり次第、久美子に知ら

突然、工房の立ち退きを市長から伝えられる

せる」との約束を交わして終了しました。

現地に常駐していない限界が……

私としては、COVEPAKIが一日も早く、希望どおりの移転先で新たにビジネスを始められるよう、そしてバナナペーパーの生産を再開できるよう、祈るほかありません。

実は、ミーティングのあと、ホテルの建設を請け負ったウガンダの業者がHAT工房にやってきて、COVEPAKIとは別に郡庁事務所と交渉したほうがよいというのです。アドバイスというより、説得するような口ぶりでした。その業者の方はたまたま宿泊先も一緒だったので、ホテルで会った時も繰り返しその話をしていました。

今思えば、私たちの仲間だと思っていたパスカル代表は市長と懇意の間柄で、あらかじめそうしたストーリーができていたのかもしれません。HAT工房の立ち退き料もCOVEPAKIに支払われることになっていたようで、そうした事情を知った業者が私にアドバイスしてくれたのではないでしょうか。

現地にずっといられないのが悔しい

ただ、HATはスタッフを現地に常駐させていませんし、年に2~3回くらいのキブンゴ訪問では、直接、また個別に交渉するのは無理です。結局、交渉はパスカル代表に託し、報告を待つしかないと、判断せざるを得ませんでした。

帰国後、彼から3回ほど話し合いの状況を知らせてきましたが、立ち退き時期や支払いはいつになるのかといった具体的な内容については、その後一切報告がありません。その時は、おそらく彼も何も知らされていないのだろうと思いましたが、そうではなかったようです。

ジェノサイド記念日の思わぬできごと

毎年4月8日はジェノサイド記念日です。今回は期せずして、その日をキガリで迎えることになりました。

キブンゴでの滞在がそろそろ終わる数日前から、ジェノサイドの悲しい歴史を風化させないよう、職場の同僚や上司などが仕事明けに一堂に会し、皆で語り合う場が持たれていたようです。私が泊まったホテルでもここ数日間、夕方になると中庭に大勢の人が集まっていたのはそのためだったことをあとで知りました。

COVEPAKIはジェノサイド記念日用の垂れ幕の注文が殺到し、製作に追われていました。昨年まで紫色だった垂れ幕は、今年からグレーに変わったとのことで、多くの注文をこなすのにてんてこ舞いの彼らと次回の再会を約束し、キガリに戻りました。

その年は記念日が月曜日だったため、キガリでの記念行事〝Walk to Memorial〟は、前日＝4月7日（日曜日）に開催されるとホテルで聞きました。

〝Walk to Memorial〟は、キガリの中心地から国立スタジアムまでの3キロほどを行進し、スタジアムで集会を開くというもの。当初午後1時から行進が始まると聞いたので、スタジアムのほうに出かけてみましたが、あたりは閑散としています。翌日の帰国を前に予定していた買い物も、ほとんどの店がクローズしており、結局かないませんでした。

ホテルに戻り改めて時間を聞くと、「もうすぐ始まりますから、あなたも集合地点に行って一緒に行進してください。外国の人も多く参加していますよ」と言われました。しかし、一人きりで言葉（キニヤルワンダ語）も分かりませんし、お腹の調子も心配です。その上、雲行きまで怪しくなってきたので、ホテルに留まることにしました。

行進はホテルの前を通るというのでそれを待っていると、3時過ぎから人々の姿が見えてきました。フロントの人に「写真を撮ってもいいですか？」と聞くと、「ノー！」との返事。でも大変意義深いイベントなので、せめて写真ぐらいは撮っておきたい――。そこで、ここからなら大丈夫なのではと、5階の自室ベランダから数回シャッターを押すと、下から大きな声が聞こえてきました。見ると、怖い顔をした男性が「ノー、ノー」と、さかんに手を振っています。彼のものすごい形相《ぎょうそう》に、あわてて部屋の中に戻りました。

「カメラを取り上げられたらどうしよう」と不安でいっぱいでしたが、部屋に閉じこもっていてもしょうがないので、勇気を出して1階まで降りていきました。しかし、私の顔を見るなり、フロントにいた人たちは一斉に視線を逸《そ》らします。一瞬ドキッとし、この雰囲気は何だろうと緊張が走りました。

その中の1人に、“I respect your rule, but why you have to make such a nice event secret? I was very much touched with ‘Walk to Remember, Walk to Peace!’”（私はあなた方の規則を犯すつもりはありません。「忘れないために、平和に向かって歩こう」という素晴らしい行事に感動しました。なぜ、秘密にしなければならないのですか）と、思い切って尋ねてみました。

それまで私の話を聞こうとしなかったフロントの男性が、「私もそう思います！」と本音を口にし、撮影を厳しく制止した先の男性（警備責任者）に、“She respects our rule.” と言って取りなしてくれました。

実は、私が訪問する1週間ほど前、キガリで爆破事件が起こり3人の犠牲者が出た

ホテル前の通り

ジェノサイド記念日、追悼会場に向かう人々

とのニュースを聞きました。犯人はコンゴに逃がれている反カガメ勢力ではないかと言われています。

そうした動きを警戒してなのかどうかは分かりませんが、キガリでは、道路のあちこちに警察官（軍隊？）が配置され、通行人を厳しく監視しています。国民は自由に発言することもままならないのでは？　ルワンダの国内事情の一端を垣間《かいま》見たような気がしました。

3　バナナペーパーのさらなる紙質向上

日本から注文を繰り返し、ようやくめざす品質に！

4月9日に帰国した私は、次に訪問する時は、バナナペーパーのさらなる紙質向上を図るとともに、カード以外の新たなクラフト製品作りを教えたいと、さっそく準備を始めました。

古紙を混ぜたバナナペーパーは、A3サイズまでうまく漉けるようになっていたので、シングルとダブル2種類のA4ファイルを新たに作ってみました。

あとは、最大の課題である、古紙を混ぜないバナナ繊維100％の紙質向上です。日本からCOVEPAKIに注文して作らせたピュア・バナナペーパーの紙質チェックを続けました。注文する時に叩解の重要性をしつこいほど指摘したにもかかわらず、当初送られてきたバナナペーパーは、4月の訪問時とほぼ同じレベルでいっこうに進歩が見られないのです。

ルワンダから品物を送る手段はEMS（国際スピード郵便）なので、送料だけでもけっこうな金額ですが、他に方法はありません。そのつど注意点を指摘して作り直させました。そのうちようやく、少しずつですが品質の改善が見られるようになりました。

まだ満足できる仕上がりとは言えませんでしたが、毎年秋（10月）に開催される「グローバルフェスタ」「みなと区民まつり」で、バナナ・エコカードの販売と併せて、バナナ繊維100％のピュア・バナナペーパーも紹介することにしました。

繊維の感じを見るには光源を当てるのがいちばんと、近隣の方からもらった竹を短くカットして、中に小さなLEDライトを入れ、そこにバナナペーパーを軽く丸めて差し込む〝バンブーライト〟を思いつきました。

両イベントで展示すると、「まるで和紙みたい」「バナナペーパーに模様とか彩色したらきれいでしょうね」などの感想が多くの方から寄せられました。バナナ繊維を輸入して日本で加工しバナナペーパーを作っているグループの代表やその関係者5～6人が、2日間にわたってブースに来られ、「へぇーっ！　現地で作っているの？　手作りでね～」と感心した様子で、数枚買っていきました。

竹の筒にBPを丸めて入れたバンブーライト

バナナ・エコカードをアピール（グローバルフェスタ・日比谷公園）

4 ２０１３年11月からルワンダ国内の販路開拓に着手

自ら乗り込んで販売先を開拓

キブンゴにHAT工房を開設してから、さまざまなデザインのバナナ・エコカードを製作してきましたが、COVEPAKIは、店頭にそれを置いているだけで、組合としてみずからプロモーションする様子は見受けられません。ならば、私が自力でキガリの販売先を開拓し、それを彼らに引き継いでもらおうと考えました。

これまでは、滞在期間のほとんどをキブンゴのHAT工房で過ごしていたのですが、今回は、到着後と帰国前にそれぞれ2日間ずつ、計4日間をキガリでの店頭訪問に充てる計画を立てました。そこで、事前にCOVEPAKIにサンプルを送り、クリスマス・カードを含む、バナナ・エコカードの製作を依頼しておき、キガリでのプロモーションに同行する組合スタッフから製品を受け取ることにしました。

店頭プロモーション用の商品紹介チラシ、注文台帳は日本で作成して持参。ただ、土産物店が並ぶキガリの中心地の様子はほとんど分からないため、ＪＩＣＡ事務所にお願いし、青年海外協力隊の内藤俊輔さんを紹介していただきました。

ありがたいことに、内藤さんが店をリストアップし、初日はずっとアテンドしてくれました。ＣＯＶＥＰＡＫＩからも誰か同行してほしいと頼むと、チャレスは忙しいとのことで、来たのはなぜかフレデリック（経理担当）でした。

内藤さんの案内のおかげで、ムムジ（キニヤルワンダ語で「街なか」という意味）を効率よく回ることができ、11月28・29の両日で訪問したのは18店。初めのうちは言葉少なで控え目にしていたフレデリックもだんだん積極的になり、終わり頃になると私たちの先頭に立って説明していました。

キガリでBPカードのプロモーション。滞在中に25軒を訪問

この時期のルワンダは雨季。といっても、真っ青な空と強い日差しとともに一日が始まり、昼近くまではさわやかな陽気に恵まれます。ところが、昼前後になると黒い雲が空を覆い、ほどなく大粒の雨が降り始めると、それが1～2時間は続くのです。雨が降ると気温が下がり、上着がほしくなるぐらい涼しくなります。

キガリの最初の2日間は雨がまったく降らず、気温は上がる一方。起伏に富んだ街を歩くと、そのうち呼吸が荒くなり、汗のかきどおしといった状況です。でも、三人で一緒に行動しているので、私ひとりが弱音を吐くわけにはいきません。

観光客目当ての土産物店が並ぶにぎやかな街なかでは、クラフト製品を扱う店やカード類を置いている本屋、また少し離れた場所にある高級レストラン「ヘブン（ＨＥＡＶＥＮ）」やゲストハウス等を訪問しました。「ヘブン」のマネージャーからは、ＨＡＴの活動についてメールで知らせてほしいとの要望がありました。なんとか今後につながるといいのですが……。

製品の出来映えは今一歩。再度の訪問を約束してキブンゴへ

ただ、残念だったのは、プロモーション用にと日本から事前に注文しておいたクリスマス・カードと、ツリーに飾れるようにリボンを付けたクリスマス・デコの仕上がりが、思ったほどではなかったことです。

これまで日本から何度も注文していたので、ピュア・バナナペーパーの紙質は相当向上していると期待していましたが、初日の朝にフレデリックから受け取ったカードの仕上がりは、残念ながらまだまだでした。常に同じ品質をキープするのは、やはり難しいようです。

プロモーションで配布したチラシと注文書

ただ、プロモーションの予定はすでに決まっていたため、今さら変更することはできません。仕方なく、行く先々で「本来はこんな感じになるのですが……」と、日本から持参した比較的仕上がりのよいカードを見せて、その場をしのぎました。

それでも、ルワンダではバナナペーパーはまったく新しい商品なので、「手作りなんですか！　初めて見ました。素敵ですね」との声が大半です。特に女性マネージャーたちには好評で、「作り直したらぜひ見せてほしい！」と言われ、次回の訪問を約束しました。

翌日キブンゴに移動。いつものホテルで懐かしいスタッフたちの姿を目にすると、設備や食事など不便はあるものの、「帰ってきた！」という気持ちになります。

キブンゴでの5日間は、月曜朝のCOVEPAKIでのミーティングからスタートし、そのあと作業に入りました。今回は、クリスマス用のカードとデコ製品の作り直し、加えて、バナナペーパーを生活必需品として生かせないかとの思いで考えついた「電灯用のカサ」の作り方を教えました。前回のランプシェードに続く第2弾です。

まずは、用途に応じたピュア・バナナペーパーを、均一に漉き上

ピュアBPのクリスマス・カード

周りに布をあしらったクリスマス・デコ

げる点を確認しました。最初のうちこそ漉き上げのペースも遅々としていましたが、要領をつかんでくると、素早く上手に漉けるようになりました。「ネリも自分たちで工夫した」と話すのを聞くと、少しでもきれいに仕上げたいという彼らの努力が感じられ、頼もしくなります。この作業を通して、私の望んでいる紙質を彼らもようやく理解してくれたように感じました。

バナナペーパーで「電灯用カサ」を作る

キガリに持ち帰るクリスマス・カードやデコは温かみがあり、和紙のように薄く素敵に仕上がりました。

次は「電灯用のカサ」作りです。キガリでは高級家具店など何軒かで、お洒落なカサが売られていましたが、すべて輸入品。しかもかなり値も張るので、家庭やレストランなどではまだほとんどが裸電球です。

バナナペーパーで作った電灯用のカサがあれば需要は伸びるにちがいない、また雇用も増えるのではないかと考え、日本で試作を重ねて臨みました。

あらかじめ型紙を用意しておけば、それに沿って紙をカットするだけです。ポイントは紙質ですが、少し厚めに漉けば問題なく作れると思われました。周囲を補強するためにルワンダのカラフルな布を使おうと、縫製担当のマリーさんにお願いし、ミシンで仕上げてもらいました。

使う布によって趣も大きく違ってきます。皆で作って工房の電灯の上にかぶせてみたところ、なかなかいい感じです。残念ながらここで時間切れとなり、「あとはニスを塗ってください」と依頼しました。ただ、その次に訪問した時（２０１４年７月）、ＣＯＶＥＰＡＫＩの店頭に吊り下げられていたカサには、何の手も加えられていませんでした。

作った製品について考えや意見があるなら言ってほしい、そこから地域の風土や人々の感性に合った製品を作るための工夫も生まれるのだからと話しておいたのに、何とも残念なことです。

スタッフたちは、「注文された分だけ作ればいい」「工房に来れば日当がもらえるのだから」といった考え方をしているのか、本音がなかなか見えません。たまにしか来ない、しかも言葉が通じない私の前では従順に動くけれど、本心はどうなのだろう……。そんなジレンマを、この時も痛切に感じました。

型紙に合わせて電灯用のカサ作り

電灯にカサを取り付けスイッチオン

お金に対する執着、態度の変化

しかし、もっとショッキングなことがありました。それは、工房での最後の作業が終わった時、チャレスとフレデリック、2人のアーティストが工房に来て、キガリで私が受け取った分（使い物にならなかったカードも含め）と、新たに作成した分の手間賃を支払ってほしいと言い出したのです。大きな体をした4人の目はギラギラし威圧的です。

しかし実際には、キガリで受け取ったクリスマス・カード、デコ各50枚とA4のバナナペーパー100枚分の手間賃は、受け取り時にフレデリックに支払っています。COVEPAKIが発行した領収書も持っていたので、私は頭に血が上り、「とんでもない！　二重取りするつもりですか？」と、4人に負けないような大声で説明すると、チャレスが「えっ⁉」と驚いた顔でフレデリックに問いただしました。フレデリックは、「あっ、そうだった」といった様子で逃げるように工房を去り、皆は納得しました。

それにしても、組合の経理担当ともあろう者が見せた態度に私は愕然《がくぜん》としました。彼らの関心はひたすらお金で、バナナペーパーに対するモチベーションなどないのではないか、いったいどこまで本気なのかと、何ともやるせない気持ちになりました。

彼らが去ったあと、COVEPAKIメンバー以外のバナナペーパー・スタッフ＝ジャネットとエルネスティンは、フレデリックの、ひいてはＣＯＶＥＰＡＫＩの賃金支払いに対する不満を、堰《せき》を切ったように口にし始めました。

アフリカでは、金銭にまつわるトラブルはおそらく日常茶飯事なのでしょう。払ったの払わないの、期日に遅れただの、代表者がお金を持ち逃げしただのといった話をよく耳にします。ことお金がからんでくると、彼らの認識や感覚はふだんとはガラッと変わってしまうようにも感じました。

こういった彼らの金銭感覚、また姿勢が、アフリカでの支援の継続を難しくしている主な要因ではないでしょうか。私としても、彼らの態度をすべて受け入れることはできませんし、いちいち驚いてもいられないのです。

前回来たときに突然話があった立ち退きも、今回来てみると、工房の裏手が高い塀で囲まれ、ホテルの建築工事が始まっていました。クリスマス・カードの製作作業の合間に、塀の中に入れてもらい工事関係者に聞くと、工事は昨年４月に始まり２０１６年４月には完成予定とのことです。

パスカル代表に、ＣＯＶＥＰＡＫＩの店舗やＨＡＴ工房の移転先、お

５カ月前に工事が始まったホテルの建設現場

立ち退き工事が始まり塀に囲まれた工房

よび補償（立ち退き料）について確認すると、「話し合いは進んでいるが、具体的にはまだ何も聞いていない」との返事。本当なのかと疑念も抱きましたが、とりあえずは成り行きを見守るしかありません。

再びキガリで店舗訪問

HAT工房での作業をすべて終えると、キガリでの店舗訪問後半戦です。12月7日の朝にキブンゴを出発し、11時頃キガリに到着。今回はチャレスが、作り直したカードを入れた大きな袋を携えて同行しました。

キガリへのバスの中で、前回の訪問時、プロモーション活動用にと交通費を渡した件について、なぜレポートは一度だけだったのか尋ねました。しかしチャレスは、他のスタッフが計2回キガリの店を回ったと言うだけで、何も説明してくれません。COVEPAKIの一員ということもあって、思いどおりには動けなかったのかもしれません。

ところが意外なことに、彼は「まとまったお金をくれたら、通訳のアブラハムと一緒に、バナナペーパーをもっとプロモートするよ」と言い出します。思いがけない申し出に、独立を考えているのかなとも考えました。しかし、チャレスとCOVEPAKIの間にトラブルを起こすのは避けなければならないと思い、即座に断りました。

そうこうしているうちにキガリに到着、まず宿泊先のホテルへと向かいました。チェックインを済ませ、併設されている土産物店を訪ねました。キブンゴに行く前、店のマネージャーに、「新商品のバナナペーパー・クラフトの件でお目にかかりたい」とお願いしておいたのです。

店員は、「お話は聞いています。クリスマス・カードを2種類、そしてバナナ・エコカード7種類を各5枚ずつ置いていってください」と快く受け入れてくれ、幸先のよいスタートとなりました。このホテルからはその後もカードの追加注文があったと聞きました。

限られた時間と悪天候の中、7軒を再訪問

この日は日中、猛烈な雨に見舞われ、2時間ほど足止めを食いましたが、それでもムムジ（街なか）の土産物店を再訪し、7軒の店に全種類それぞれ3～5枚ずつ置かせてもらうことができました。店側は「在庫がなくなったら連絡します」と言っていたので、追加注文があることを祈りつつ訪問を続けます。

とある店で商品の説明をしていた時、JICAと同じような韓国の青年海外協力隊組織（KOICA）の女性隊員3人が中に入ってきました。商品をあれこれ見ていましたが、私たちのクリスマス・カードを見つけると、「あらーっ、素敵！」と大きな声を出し、手に取って表面をなでています。和紙のような風合いや感触が気に入ったようで、「韓国にも同じような紙があります」

と言いながら8枚ほど購入してくれました。

　そのうちの1人は、「正月用のカードはありませんか。今送っても韓国に着くのは1月になるので」と言っていました。客と店双方の声を直接聞くことができる、店舗訪問の重要性を感じました。

　今回は初めての試みで、時期的にクリスマス・カードを作りましたが、季節ごと、また行事に合わせたカードを作るのは、その気になればそれほど難しいことではないように思われます。ただ、COVEPAKIの対応を考えると、そこまでの道のりは少し、いやまだまだ遠いかもしれません。

　宿泊先のホテルに戻り、チャレスにその日の感想を尋ねると、「何軒かの店で商品に対するコメントが聞けてよかった」とのこと。大きな袋を携えての店回りはさぞかし大変だったにちがいありませんが、同時に、キブンゴにいるだけではけっして分からないことも見えてきたはずで、彼自身にとっても収穫があったのではないでしょうか。最後に、これまでと同様、今後も連携を取り合うことを確認し、別れました。

　帰国前、キガリでは知らない人がい

にわかに空が曇り、すぐ大粒の雨が

にぎわうムムジ（街なか）

ない、ケニア資本の高級マーケット「ナクマット」をのぞいてみました。横3メートルほどのカードの陳列台に、豊富な種類のクリスマス・カードがびっしりと並べられていましたが、どこでも目にするようなものばかり。もしそこに、シンプルで柔らかな色合い、そして手作りの温もりを伝えるバナナペーパーのクリスマス・カードやデコが並んだら、気に入ってもらえるにちがいないなどと考えながら、帰途につきました。

ウブランガ・アーツスタジオのアーティストたちが制作した、ルワンダの文化や生活をデザインしたBPカードが、キガリの店頭に並んだのは2015年

5 ンゴマ郡庁から「紙作りの実習授業を」との要請が

「スクール・キャンペーン」への感謝がきっかけで

実は、キガリに戻る前、キブンゴのCOVEPAKIでのミーティングで、私たちが実施した「スクール・キャンペーン第1弾」(2012年12月から翌年10月まで計12回、各小学校にボールペン入りバナナペーパー筆箱100個を贈呈)に対して、この地域を統括するンゴマ郡庁教育課の担当官が感謝しているとの話が出たのです。

そこで、滞在中にご挨拶しておきたいと思い、パスカル代表とともに、12月3日、教育課を訪ねました。応対した担当官に、キャンペーンの経緯や訪問した学校の先生方の反応などを報告したところ、「来年から、バナナペーパーの作り方を、実際に学校で

ンゴマ郡庁教育課からBP実習授業の依頼が

教えてほしい」と要請されました。さらに、「郡長の名前で各校に通達を出すので、さっそく準備に取りかかってください」とも。

多くの青少年がバナナペーパーの作り方や用途を学ぶことで、「資源や環境を守ることの大切さ、もの作りの工夫」を体験する素晴らしい機会になると思った私は、「はい、喜んで」と即答していました。

でも、日本とはまるで勝手が違うルワンダ、それも地方にある学校で「紙作りの実習授業」をおこなうとなると、事前の準備が大変です。また、COVEPAKIにも協力を要請しなくてはならず、スムーズに進めていけるかどうか、大いに不安でした。

教育課からの依頼といっても、現実には、費用や器材など、具体的な応援はまったく期待できそうにありません。そこで、日本に戻ってじっくり検討することにしました。

話し合いに半年、でも結局は幻に……？

帰国後、「実習授業（＝スクール・キャンペーン第2弾）」を翌年（2014年）春頃から始めたいと考え、年が明けてすぐンゴマ郡庁の教育課にメールしましたが、いっこうに返事がありません。COVEPAKIにも尋ねてみましたが、こちらもやはりなしのつぶてです。

そこで、JICAキガリ事務所に相談すると、研修で来日したこともあるという郡庁教育課の女性担当官を紹介してくれました。彼女に電話すると、昨年私たちが会った担当官は異動になったとのこと。ならばということで、彼女が担当することになりました。

さっそく彼女宛に「HATが考える教育実習の目的や方向性」について記したメールを送ると、同意する旨の返事は送ってくるものの、具体的な実施方法について相談を持ちかけると返信がありません。

そうこうしているうち、パスカル代表から「教育課と何度か話し合いをした。実習授業は私たちが全面的に引き受けることになった」とのメールが届きました。あわてた私は、「何について、どのように話し合ったのですか。結論を出す前に、三者で情報を共有する必要があります」と、パスカル代表と教育課にメールを送りました。しかし彼らの姿勢は変わらず、何の返答もありません。

それから1カ月ほどのち、4月に入ってから、パスカル代表から「実習授業の実施に必要な備品および必要経費一覧」なるリストがメールで送られてきました。

リストには、ミキサー3台、ガスグリル（これまで使ったことはありません）2台＋ガスボンベ、発電機2台、紙漉き用木枠などの備品・器材に加え、鉛筆などこまごました消耗品、車両の手

ンゴマ郡庁

配と法外なガソリン代等が計上されています。さらに、別の用紙には、スタッフ（1回10人ほど）への日当と、経理担当者の費用等も計上されていました。合計すると、開始時だけでも現地で立派な家が建つほどの金額です。それをＨＡＴが支払うようにというのです。

驚いた私は、「これほどの設備や備品は、学校での実習授業には大げさ過ぎます。同意できません」と書いて返信しました。何度かやり取りを重ねているうちに、今度は「実習授業を依頼したのは教育課ではない。ＨＡＴのほうから出た話だ」などと言い始めるではありませんか。

これにはもう、開いた口がふさがりません。「それは違います。教育課の担当官は英語を話せるので、彼のほうから、私に（英語で）直接依頼があったのです。あなた（パスカル代表）も、その話を通訳のアブラハムからキニヤルワンダ語で聞いて知っているはずです」と繰り返し主張し、パスカル代表もようやくそれを認めました。

しかし、このような状態では実習授業の実施は厳しいと判断し、5カ月ほど時間を費やしましたが、「すべてなかったことにしましょう」と、パスカル代表と教育課の双方に伝えました。

アフリカ支援の難しさを改めて痛感

初めに会った教育課の担当官は、ごく純粋な気持ちで紙作りの実習授業を依頼したと思うのですが、どうしてこういうことになったのか――。

行政の側（郡庁教育課）とＣＯＶＥＰＡＫＩが一緒になって、「持てる者が与えるのは当たり前」「この機会にＨＡＴから多くの金銭を援助してもらったほうが得策」とする考えを前面に出してきたのでしょうか。子どもたちの教育という目的をどのように捉えているのか、悲しくなりました。

アフリカ支援の難しさについてよく耳にしますが、ふだんはお互いに分かり合えると思いがちな彼らとの大きな隔たりを、この時痛感しました。ただ、これが残念ながらアフリカの実情なのかもしれません。

ところがそれから1カ月ほどして、パスカル代表から、「久美子の言うとおりでよいので、実習授業を実施したい」とのメールが届きました。

当初の意気込みがすっかり萎《な》えてしまっていた私は、何を今さらと思いつつ、「こちらの提案どおりの方法と費用で、本当にいいのですか」と確認すると、「すべて受け入れる。No problem!」とのこと。これには呆れましたが、いろいろ考えた末、再びスタートラインに立った気持ちで話し合いを始めることにしました。

話はその後トントン拍子に進み、教育課の依頼からほぼ半年経った頃、「スクール・キャンペーン第２弾」の実習授業はようやく滑り出すことになったのです。

学校帰りの子どもたち（キブンゴで）

2014年7月、第1回の実習授業がようやくスタート

9回目のルワンダ訪問は2014年7月5日。キガリに着くとすぐキブンゴに移動しました。今回は、授業の意義や各工程について分かりやすく説明するため、写真をふんだんに使ったパネル8枚を持参しました。

まずは、教える側のスタッフたちにもパネルを見せ、内容を理解しておいてもらわなくてはなりません。そこで、キブンゴに到着した翌日、HAT工房でパネルを使いながら説明しました。自分たちが作業している写真がパネルに載っているのを見つけると、歓声があがります。

初回の実習授業が今後のモデルケースになるので、実際の手順をきちんとイメージさせる必要があります。必要な備品・器材を並べる、紙漉き実習で使うパルプは事前に作ってバケツに入れておくなど、準備にもさまざまな工夫をほどこしました。また、最後に生徒一人ひとりに渡す、バナナペーパーで作った「マイ・カレンダー」も用意しました。

まずCOVEPAKIスタッフに授業のやり方を説明

参加人数は毎回、小学校高学年の児童50人。まずはパネルを見せながら、授業の目的やバナナペーパー作りの意義（エコ、リサイクル）を理解させます。そのあと、実習を通してもの作りの工夫や面白さ、そして郷土の資源に対する意識など、限られた時間（2時間ほど）の中で多くを体感させるように構成しました。

「立ち退き」問題その後——パスカル代表が移転先に案内

ミーティングを終えたあと、COVEPAKIのパスカル代表が、立ち退き後の移転先にすぐ案内したいと言い出しました。

新店舗は今までの場所と目と鼻の先にあり、四つの部屋が横に並んでいます。「HAT工房はどの部屋ですか？」と聞くと、「真ん中です」と言いながら、手を広げて「ここからここまで」と示しました。

しかし、繊維の水洗いや叩解作業をするにはふさわしいと言えません。その点について尋ねると、今度は一緒にいたチャレスが「No problem」と。そして、裏側の崖に面し、幅2メートルほどのコンクリートが

移転後のHAT工房はここ！

敷かれた場所を示し、「ここに水道を引きますから」と言います。しかし、地盤が傾斜しているため、叩解作業などとてもできそうにありません。

私には、パスカル代表やチャレスの説明は、取ってつけたもののように聞こえました。ここでバナナペーパーの生産を続けられるのだろうかとの疑問も湧いてきます。何より、私がこちらに来るまで何も知らせてくれなかった彼らの姿勢に腹が立ちました。「HAT工房」と示された部屋も、バナナペーパーを作らないときは、COVEPAKIが自由に使うでしょう。不満足でも承知せざるを得ませんでした。新店舗へはその2カ月後、9月に移転しています。

キブンゴのホテルで目にした、バナナペーパー・クラフト

キブンゴではいつも「セント・ジョセフ（St. Joseph）」というホテルに泊まっていますが、今回、レストランとバーで思いがけないものを目にしました。それは、食事のあとテーブルに置かれる勘定書きを挟むためのファイルが、何とバナナペーパーとバナナの皮で作られていたのです。カバー（表紙）のバナナ皮と、内に貼ったバナナペーパーがマッチして、自然の色そのままの、素朴な味わいが感じられます。

チャレスに聞くと、ホテルから注文を受けて作ったとのこと。以前A3サイズを二つ折りにし

て、両内側にポケットをつけたA4のファイルを作りましたが、その小型版です。カバーの中央には“St. Joseph”のロゴがきちんと入っています。

納品されたあと緑色のマジックで「レストラン用」「バー用」と書き込んだようで、それが少々興ざめですが、それでも注文が来たこと、そしてバナナペーパーとバナナの皮を使った作品に喜びもひとしおでした。

もうひとつ、嬉しいことがありました。帰国前日に立ち寄ったキガリの土産物店（前年11月のプロモーションで訪ねたところ）のマネージャーから、「バナナ和紙カードの在庫がなくなったので、

ホテルで使われていたBPファイル

COVEPAKI製作のBPカード

追加で入れてくれるよう、ＣＯＶＥＰＡＫＩに伝えてください」と頼まれたのです。

キガリでもキブンゴでも、これから徐々に注文が入ればバナナペーパーの認知度も高まります。そして当初の目的が少しずつ現実となってほしい、そんな思いを強くしました。

バナナペーパー作りの実習授業がスタート

さあ、いよいよ「スクール・キャンペーン第2弾」、バナナペーパー作りの実習授業の始まりです。7月11日、第1回目の実習校である公立ルボナ小・中学校（生徒数は約１２００人）を訪問しました。中古のマイクロバスをチャーターし、ＨＡＴ工房から約7キロのところにある学校に向かいます。表通りを5分ほど走って脇道に入ると、私の知っているキブンゴとは景色が一変しました。

考えてみると、私のキブンゴでの行動は、主にＣＯＶＥＰＡＫＩ、郡庁事務所、そしてホテルと、いずれも表通りに面した場所ばかり。裏通りの様子はほとんど知りませんでした。

バス通りから一本裏に入ると、道路は未舗装で車は大きく揺れます。折しも乾季で、2カ月ほど雨がまったく降っていないため赤い砂埃《ぼこり》が舞い、レンガを積み上げただけの家畜小屋のような家々、道端の草、そしてつながれている牛や羊すべてが赤褐色に染まっていました。水を入れた容器3～4個を自転車で運ぶ人たちがその道を通ります。おそらく電気も通じていないのでしょう。

そんな光景に驚きながら進んでいった丘の上に、ようやく校舎が見えてきました。広い校庭の周りにはバナナの木々が、その下にはコーヒーの木も群生しています。校庭を囲むように校舎が建てられ、休み時間だったのでしょうか、子どもたちが興味深げに私たちを見ています。まずは副校長と簡単に打ち合わせを済ませ、4年、5年、6年生の代表、計50人が待つ教室へと向かいました。

教える側の私たちは通訳を入れて5人。初めに一人ひとり自己紹介をしたあと、さっそく授業が始まります。世界地図のパネルを見せて、「私は日本から来ました。日本はどこでしょうか」と質問すると、何人かの生徒が教壇まで出てきて、あちこち指差しますが正解者はいません。「海に囲まれている」とヒントを出すと、1人の男子生徒がオーストラリアを指差しました。全員が興味津々といった様子です。

そのあと、なぜバナナペーパーを思いついたのかについて話しました。「実を採ったあとのバナナの茎や枝は、実の10倍ほどの量になりますが、収穫後はゴミとして捨てられます。でも本当はゴミではありません。ちょっと工夫すると大切な資源になるのです。皆さんの故郷は、そんな資源の宝庫なんですよ」と説明し、続けて「ルワンダの料理用バナナ生産量は、世界で5番目に多いことを知っていますか？」と尋ねたところ、

公立ルボナ小・中学校

学校をめざして一歩脇道に入ると、情景が一変

生徒たちはビックリしたような顔をします。
ここからCOVEPAKIのチャレスにバトンタッチし、バナナペーパー作りの実習に入ります。といっても彼も初めてなので、すぐに私のほうに目をやります。私も横から口や手を出してサポートしながら、授業を進めていきました。

校庭で切ったばかりのバナナ茎を使い、繊維の取り出し（抽出）。スタッフがお手本を示し、続いて生徒たちが交代で試していきました。すぐにできる子、時間がかかる子といろいろですが、「できました～！」と繊維を上に掲げるたびに大きな手拍子が起こります。

この手拍子が3拍子と2拍子を組み合わせた、とてもリズミカルなもので、最後にピシッと止まるのです。私も一緒にと思い、試してみたのですがなかなかついていけません。さすがにリズム感に長《た》けたアフリカの子どもたちだなと、感心しました。

次の「煮熟」工程はパネルで説明し、その次の「叩解」作業に入りました。生徒たちは言われるままにハンマーで一所懸命叩きます。その後、煮ただけの繊維と叩いた繊維の双方を見せたり触らせたりしてその違いを教え、叩くことの重要性を説明しました。

BPの実習授業。パネルを使って工程を説明

バナナ繊維の取り出しに真剣に取り組む子どもたち

ちなみに、参加している児童は男子だけではありません。ただ、女子も髪の毛を短く刈り上げているので、区別がつかないことがあります。

地方では水へのアクセスが困難で、またひんぱんに起こる断水のせいでしょうか、頭髪にシラミが湧いている子どもをよく見かけます。坊主頭にしているのは、そうした事情もあるのでしょうか（カーリーヘアで、伸びると収拾がつかなくなるからかもしれません）。ちなみに、男女のはっきりした違いは洋服（ズボンかスカートか）だけです。

さて、次は「紙漉き」です。今までの工程からだけでは、生徒たちも紙のイメージが湧かなかったようです。しかし、木枠を使って1枚ずつ漉き上げることで、紙になることを実感したのでしょう。席から立ち上がり、我も我もと前に出てきました。副校長も出てきて、興味深げに生徒たちの手もとをのぞき込んでいます。

「エコ」「リサイクル」「もの作りの楽しさ」を実感した生徒たち

時間の都合で全員とはいきませんでしたが、作業工程に沿って実習を進める中で、COVEPAKIのスタッフも、学校での教え方を理解できたにちがいありません。彼らにとっても初めての大仕事です。

漉き上げた紙を乾燥用の板に張りつけると、生徒たちから再び大きな手拍子が起こりました。「乾燥」と「仕上げ」の工程は、そのあとパネルで説明しました。

最後に、事前に用意した31個のマス目がスタンプされたバナナペーパー・カードとペンを全員に渡し、「マイ・カレンダー」を作りました。約2時間の授業でしたが、子どもたちに新たな意識が芽生えたのは間違いありません。

最後の感想発表では、男子生徒が「こんなものができるなんて、今まで知りませんでした」と発言、

紙漉きは順番に

BPのマイ・カレンダー作りに励む子どもたち

エコ、リサイクルの大切さ、もの作りの楽しさを体験し大喜び

すると先生が「イノベーションだね！」と励まします。また、女子生徒は「カードを買えないときは自分で作ります」など、素朴な驚きや、新しいことを学んだ喜びを口々に語っていきました。この日の授業の詳細は忘れたとしても、ゴミだと思っていたものから製品ができると知ったことで、子どもたちがもの作りの喜びを育んでくれるといいのですが。

終わったあと校長先生に挨拶し、多くの生徒に見送られながら帰路につきました。今回初めて教える側に立ったスタッフたちも、生徒たちの感動や反応にじかに接し、多くのことを感じたはずです。今後11回おこなう実習授業を通して、次代を担う児童・生徒たちの心に、資源の再発見、また新たな製品を作り出す喜びや工夫がしっかりと根づき、広がっていくことを願ってやみません。

ＨＡＴを解散し「HAT de Coffee & Banana」に

２０１４年5月、ＨＡＴの定期総会で、ＮＰＯ法人の解散を決めていただきました。私や夫の年齢、体力的な負担、また2年前に手術を受けた私の健康のことも考慮し、法人運営の業務を削減することにしたのです。もろもろの手続きを済ませ、8月に清算結了を届け出ました。

同時に、これまで9年間続けてきた農民支援の取り組みを、新たに発足した任意団体「HAT de Coffee & Banana（代表・津田久美子）」が引き継いで担うこととし、その活動状況についてはホームページとブログで報告することにしました。

併せて、コーヒー販売についても、これまでは常時焼きたての豆を保有し、注文をいただくとすぐ発送していましたが、解散後は、毎月1回4日間ほどの注文期間を設け、その間に注文を受けた分を焙煎《ばいせん》して発送することにしました。業務としては圧縮・軽減する形になりましたが、焼きたてのおいしいコーヒーをお届けする方針に変わりはありません。これまでHATコーヒーを愛飲してくださった皆様からは引き続いてご注文をいただき、大変感謝しております。

法人運営の業務削減やコーヒー通販業務の軽減により、結果として、ルワンダでのバナナペーパー・プロジェクトに、これまで以上に時間とエネルギーを注ぐことが可能になりました。設立して9年、アフリカの農民支援に、試行錯誤しながらさまざま取り組んできましたが、ようやく焦点がはっきりしてきたタイミングで、法人を解散して身軽になり、結果的にはよかったと思っています。

花の蜜を吸うキブンゴ・ルレンゲセクターの子どもたち

5章

“Made in Rwanda”が増えれば仕事も生まれる

1 バナナペーパーを使って日用品を！

バナナペーパーが「ルワンダ製品」としてケニア、トルコへ！

2014年11月、ケニアの首都ナイロビで開催されるアフリカ各国の物産展「アフリカ大陸展示会（Intercontinental Exhibition）」に、COVEPAKIが、ルワンダを代表する三つの組合の一つに選ばれ、バナナペーパー（BP）・カードを出展することになりました。「ナイロビ行きが決まった」と、スカイプで知らせてきたチャレスや組合のスタッフは皆、嬉しそうで興奮気味。その後送られてきた詳細を知らせるメールの文面からもそれが伝わってきます。この時の飛行機やホテルの代金はHATが負担しましたが、翌15年末の同展示会に再び選ばれた時は、ルワンダ政府の負担で参加しています。

また、トルコの政府関係者が、ルワンダ製品を自国に紹介する目

ナイロビの展示会でのチャレス

的で2015年夏にキガリを訪れた際、バナナペーパー・カードがその一つに選ばれたとの知らせも届きました。ついにトルコの地にも渡ったのです。バナナペーパー、それで作ったクラフトが「ルワンダ製品」として、少しずつ認識されつつあることを実感しました。

伝統のバスケットを逆さにしたら！

2015年に入ると、COVEPAKIから送られてくるバナナペーパーの品質はさらに向上し、和紙のように薄い、それでいて温かみのある、まさに「バナナ和紙」と言えるような製品に仕上がっていました。こうした上質のバナナペーパーを使って、生活に必要なクラフトを生産し、彼らの生活向上そして雇用機会の創出を何としても実現したいとの思いは、以前に増して強くなりました。

そうなると、何が何でも新製品を作り出す必要があります。試行錯誤の末、ルワンダの伝統技術とバナナペーパーとのコラボによる製品を思いつきました。

ルワンダに古くから伝わるバスケット（アガセチエ）は、サイザル麻の葉の繊維を編んで作られる蓋付きまたは皿状の容器で、その伝統技術は、代々母から娘へと受け継がれています。近隣の女性たちが仲よく製作することから、ジェノサイド（1994年）のあとも、ルワンダ再生のシンボル、和解、自立、平和の象徴として大きな意味を持つと言われてきました。実際、国内ではどこの土産物店に行っても、カラフルなバスケットが店先を飾っています。

このバスケットとバナナペーパーで、新しい感覚のランプシェードを作れないだろうか——。逆転の発想というか、バスケットを逆さにすれば「電灯用のカサ」になるとひらめいたのです。

2015年4月、カンボジア・シェムリアップを訪れた時に見つけた竹製のバスケットがそのヒントになりました。帰国後すぐ、それを参考にデザインを考え、COVEPAKIのチャレス宛にメールに添付して送りました。

「新しいデザインのバスケットです。知り合いの女性に頼んで作ってほしい」と依頼しました。ところが、ひと月以上たっても連絡がありません。電話すると、「針金を使って自分で作ろうと試してみたが、難しくて作れない」とのこと。私の意図は、残念ながら伝わりませんでした。

まさに和紙のような仕上がりに

キガリのアーティスト・オーガスティンに依頼

さて、どうしたものか——。他に相談できる人はいないだろうかと考えて思い出したのが、その2年前（2013年11月）に、JICA青年海外協力隊員の紹介で会ったキガリのアーティスト・オーガスティンでした。

それまでの古紙を混ぜたバナナペーパーから、バナナ繊維100％のピュア・バナナペーパーへと方向を変えた時で、可能性の一つとして、そこに絵を描いたらどんな感じになるだろうかと、オーガスティンを紹介してもらったのです。

彼は私の依頼を快く聞き入れ、所属しているキガリのスタジオまで案内してくれました。数人の画家が自由に創作活動をしている姿を見ると、キブンゴとは異なる、洗練された印象を受けます。

オーガスティンとはその後もときどきメールのやり取りをしていたので、さっそくバスケットのラフデザインを送り、試作品の製作を依頼すると、「知り合いの女性に頼んでみる」との返事。「よかった」といったんは安堵したのですが、それから2カ月近くたっても音沙汰がありません。

やはり難しいのかなとの思いがよぎりましたが、「その後どうですか？」とメールを送ると、「ごめんなさい。あまりうまくできなかったので、再度お願いしています」とのこと。添付されていた写真を見ると、たしかに左右のバランスがちぐはぐで、つぶれたような形です。

送ったイメージを形にしてくれた

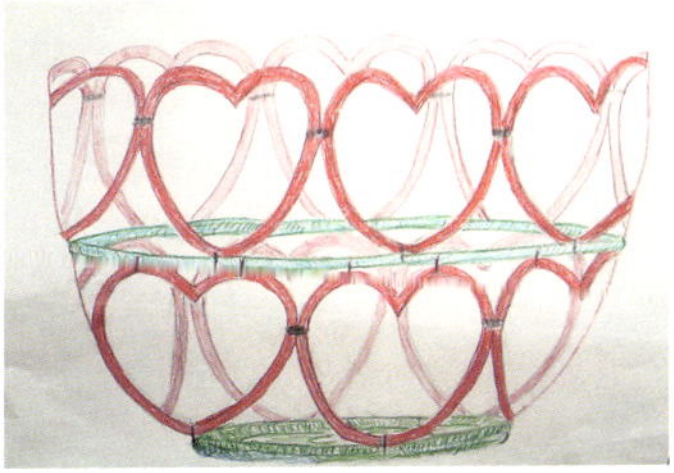
オーガスティンに送ったデザイン

彼はその後二度作り直し、最後に送られてきた写真から、私のめざしている「バナナ和紙とバスケット、日本とルワンダの伝統技術のコラボは可能」との思いを強くしました。

「バスケットにバナナペーパーを装着したランプシェードをルワンダで作りたい」と説明すると、ぜひ協力させてほしいとの返事がすぐに届き、2015年9月、1年2カ月ぶりにルワンダを訪問しました。

2 バナナペーパーとルワンダの伝統技術をコラボ

バナナペーパーでランプシェードを

実は、この時の訪問は、キガリでオーガスティンに会うまで、はたしてどのような展開になるのか、どこまでできるのかといった予測がまったくつかずにいました。

当初は、宿泊予定のホテルで場所を借りて作業をしようかと考えていたのですが、彼から「私たちのスタジオを使ってください」との申し出があり、その厚意に甘えることにしました。場所の問題というだけでなく、この時スタジオで他のアーティストたちとも知り合い、一緒に作業できたことが、バナナペーパー・プロジェクトにとっても大きなターニングポイントとなります。

キガリに到着した翌朝、ホテルに迎えにきたオーガスティンと一緒にスタジオに向かいました。彼とは英語でコミュニケーションできるので、その点も助かります。

スタジオに着くとさっそく、今回の目的、バスケットを上下逆さまにしてバナナペーパーを装着する「バナナペーパー・ランプシェード」について説明しました。

彼は即座に私の考えを理解したようで、スタジオの仲間にも声をかけてくれました。私が1年ほどあでもないこうでもないと考えてきたアイデアでしたが、彼らには何の抵抗もなかったようです。いともあっさりと受け入れてくれました。「ぜひ自分たちで手がけたい」と言われた時は、まるで長い間話し合いを重ねてきた仲間のように思えました。

創作意欲も満々です。「軽くなければいけないね」「こうしたらどうだろう」「こういうやり方もあるんじゃない」と、新しいアイデアがポンポンと出てきます。また、日本から持っていったワイヤーなどの部品を見せると、「ここは布で巻いたほうがいいかも」など、改良案も出てきま

まず、バスケットを取りつけてみた

円形のバスケットにフィットするよう、BPの装着方法を説明

自主的に製作に取り組むアーティストたち

した。特にオーガスティンは、「ルワンダの伝統技術と日本のコラボ」ということに強い関心を持ったようです。家に帰ってからも盛んにその話をしていたと、あとで夫人から聞きました。

キガリのスタジオで、にぎやかにワークショップ

翌9月10日、キブンゴからCOVEPAKIのチャレスが、あらかじめ依頼しておいたバナナペーパーを携え、JICA青年海外協力隊員の古岡繭さんとともにやってきました。さっそくスタジオの皆と合流し、日本で準備したマニュアルを見せながら、全員が理解できるように、具体的に説明しました。

さわやかな陽気の中、オーガスティンとチャレスを中心に庭で作業に取りかかります。二つの異なるデザインのバスケットにバナナペーパーを装着する作業に入る前に、円周を求めるのに必要な、マジックナンバー「3・14」を覚えさせました。取りつけるバナナペーパーの縦・横の長さを決めるためです。さらに、下から見上げた時にカサがきれいに見える装着の方法も教えました。

そのうち雨がポツポツ落ちてきたので、スタジオの中に移動。総勢9人、撮影を担当してもらった古岡さんも加え、にぎやかなワークショップとなりました。

終了後は、スタジオ裏のキッチンでランチ。数種類の料理が並ぶビュッフェスタイルです。作

業が終わったと同時に、誰もが急に空腹を感じたのでしょう。一気にはじけた感じでおしゃべりしながら、食べ物を頬張りました。ホテルやレストランの食事よりおいしく感じられたのは、プロジェクトが大きく前進した手応えを感じたからかもしれません。

帰国前日の9月14日、オーガスティン、チャレス、そして私の3人で、バナナペーパー・ランプシェードを携え、キガリの日本大使館、続いてＪＩＣＡキガリ事務所を訪問し、これまでの経過と現況を報告しました。応対してくださった大使やＪＩＣＡ所長に、オーガスティンは、「ランプシェードは、主に国内販売向けに作り始めています。ワークショップを開いたり、自分たち

スタジオの庭でのワークショップ

バナナペーパーの装着。うまくできるかどうか……

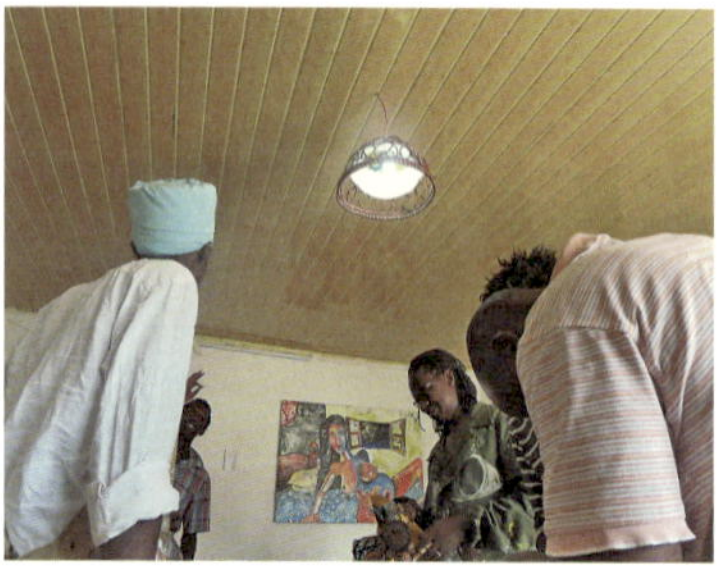

温かみがあって、いい感じに

のネットワークで販売していきたい」と力強く答えていました。

アーティスト・グループとCOVEPAKIとの違い

今回の訪問を通してはっきり感じたのは、オーガスティンと7人のアーティストが所属するウブランガ・アーツスタジオと協同組合であるCOVEPAKIとの違いです。

アーティストたちは、各自の才能をお互いに認め合い、ふだんはそれぞれが自由に活動しています。そして、個展を開いたり絵を教えたりすることで得た収入の何割かを、スタジオ運営のためにそれぞれ負担するという仕組みです。

今回のランプシェード製作も、中心者のオーガスティンの呼びかけにセルセやムギシャなど他のメンバーが応えて意見を出し合うなど、少しでもよい製品を作ろうという気持ちが感じられました。それが意欲的な取り組みにつながっているのです。

一方、COVEPAKIは店舗で商品を販売し、それによって得られる手数料を収入源としています。そのため、自分たちでプロモートしようという意欲には乏しく、また各メンバーが独自に活動することも認めていないようです。

COVEPAKIがこれまで、敷地内にHAT工房の建設を認め、バナナペーパーの生産を引き受けてきたのも、バナナペーパー・クラフトを日本で買い取ってもらえるとの考えからでした。

彼らは、渡された金額の範囲で、こちらが依頼したことは実行しても、習得した技術を生かして独自の製品を作ったり販売していこうとする姿勢は、残念ながら見せてくれませんでした。その点をＣＯＶＥＰＡＫＩの役員に確認した際も、「予算がないので、自分たちで主体的にプロモートしようとは考えていない」と明言していました。

これまで改良を重ねてきたバナナペーパー・クラフトは、今やルワンダ政府も自国製品として認識し、海外にも紹介されるようになりました。これからさらに新製品を開発していこうというところに差しかかっていますが、ＣＯＶＥＰＡＫＩだけに頼っていては、将来の進展は期待できません。

しかし、そうした状況の中、キブンゴのＨＡＴ工房で製作に携わってきたバナナペーパー・スタッフ（ＣＯＶＥＰＡＫＩメンバー以外）から、習得した技術を活用して自らの収入増につなげようという意欲的な女性たちが現れました。「自分たちでマーケットを開拓するので、バナナペーパーを作り続けたい」と言うのです。

また、キガリのオーガスティンやセルセ、ムギシャなどもバナナペーパーの製作にいっそう強い関心を持つようになり、キブンゴから始まったバナナペーパーの波はここにきて大きな広がりを見せ始めました。

今後は、キブンゴとキガリの双方で、特にバナナの木が多く群生するキブンゴでバナナペーパーを生産し、キガリで新製品のデザイン、またマーケットの開拓を進めながら、〝Made in

Rwanda〟のバナナペーパー製品を定着させていきたいと考えるようになりました。

帰国後オーガスティンから、スタジオの仲間とランプシェードの製作に取り組んでいる様子を綴ったメールが送られてきました。

思わず、「やったー！　なかなかいい感じ！」と嬉しくなりましたが、同時に「電気の配線は大丈夫だろうか、もし紙が燃えるような事故につながったら大変」との不安が頭をよぎりました。

メールで確認すると、「大丈夫」との返事ですが、アイデアを紹介した立場として、万が一を想

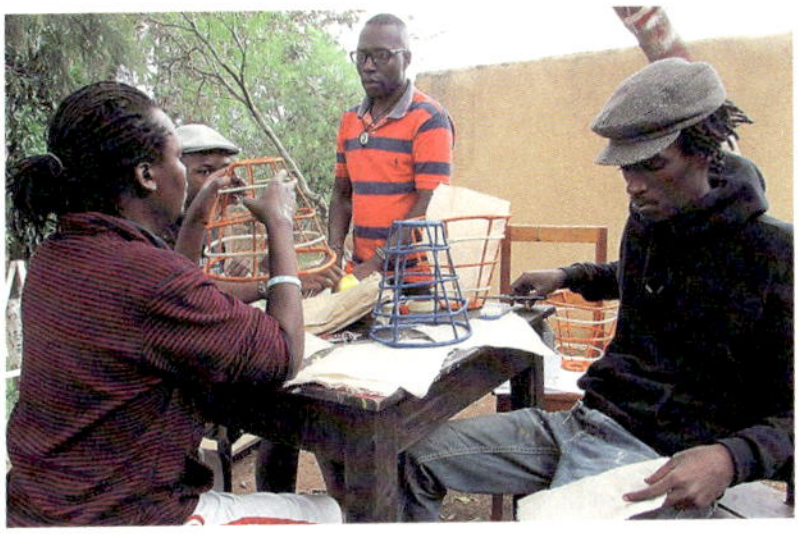
BPランプシェード作りを本格的にスタート

ウブランガ・アーツスタジオのアーティストたち

ウブランガ・アーツスタジオで、バナナペーパー製作の中心メンバー（左からムギシャ、オーガスティン、筆者、セルセ）

定し安全性を確認しておかなければならないとの思いは日に日に強まるばかりです。なるべく早いうちに現地に足を運び、自分の目で確かめようと決めました。

3 ＝ 思い描いていた方向に大きく前進

意欲満々のスタッフたち

キガリに赴いたのは2カ月後の2015年11月11日。

今回の訪問目的はランプシェードの安全性の確認、目前に迫ったクリスマス・バザーに出展する新製品（バナナペーパー・ランプシェード）の仕上げ作業、そしてキブンゴの新バナナペーパー・チームの応援です。

雨季のルワンダは曇っている時間が多く、大粒の雨がポツリポツリと落ちてきたら数分後にはどしゃ降り、でも10分ほどで上がるというパターンが一日に何度か繰り返されます。雨が空気中の塵を洗い流してくれるのでしょう、合い間合い間に空が晴れた時の透明感はひときわ美しく、草木が輝いて見えます。キガリに到着したのはまさにそんな夕暮れ時で、地平線に沈もうとする太陽の眩《まぶ》しいことといったらありません。

ルワンダでは、レジ袋のような、土に還元されない製品の使用を禁じるなど、厳しい環境保護規制が敷かれています。そのため、リサイクルに対する意識はとても高く、アーティストたちの作品やアクセサリー製品にも、使用済みの歯ブラシ、瓶や缶の蓋などがうまく使われていたり、環境を守る努力が見て取れます。それだけに、バナナペーパー、またランプシェードへの関心は並々ならぬものがあり、今回も私の訪問を心待ちにしていたようです。

9月に来た時に依頼したバナナペーパー・スタンドは、アーティストたちの意欲的な取り組みが実を結び、8割ほど完成していました。ただし、当初めざしたアガセチェ（ルワンダ伝統のバスケット）とのコラボは、それを作る女性たちがあまりに高額の手間賃を要求したため、今年のクリスマス・バザーへの出展は断念せざるを得なかったとのこと。代わりに、ワイヤーとカラフルなルワンダ布を使って製作していました。また、気になっていた電気の配線などの安全性も確認しました。

医療関係の学生12人も、バナナペーパー作りを学ぶ

また、スタジオのアーティストたちにもバナナペーパーの作り方を

医学生たちも参加してBP作り

アーティストたちにBPの作り方を教える

きちんと伝える必要があります。バナナペーパー作りから製品の仕上げまで、全工程を自分たちで手がけたいとの要望があったからです。

初日は彼らだけでしたが、2日目からは薬剤師や看護師、理学療法士などを育成する医療専門カレッジの学生12人も加わりました。

「(全然畑違いなのに)なぜバナナペーパーの作り方を?」と、彼らの一人に尋ねると、「卒業してもめざす分野に就職するのはひじょうに難しいので、学校として異業種の仕事を学ぶ機会を設けている」とのことでした。

確かに、ルワンダでは病院や医療施設の数は限られているようで、高齢者の人口比率もかなり低いと思われます。何よりも、風邪や多少の熱、腹痛などでは病院に行く習慣がアフリカにはないといい、「病院に行く時は死ぬ時」とも聞いたことがあります。そうした事情からすると、専門教育を受けた彼らの雇用機会も限られているのでしょう。

学生たちの中には、ジェノサイドで孤児になった女子学生もおり、「父母は20年前に亡くなりました。私は結婚したのですがすぐに離婚したので、一人で子どもを育てなくてはなりません。勉強して何とか仕事に就きたい」と、涙を浮かべながら語っていました。

ちなみにスタジオのアーティストの一人も、ジェノサイドで母親を失っています。もう一人は孤児になり、「あちこち転々と預けられて辛い思いをしました。でも今はスタジオの皆が家族です」と言います。

また、ジェノサイドの時にはまだ子どもで、親きょうだいと一緒にタンザニアやブルンジなどの隣国に逃れ、落ち着いた頃に戻ってきた多くの若者たちは、現地で学んだスワヒリ語などを流暢にしゃべります。厳しい就職事情と合わせて、ルワンダ社会の一端に触れた思いがしました。

キブンゴのバナナペーパー・チームと再会

2日間の実習を終えた翌日、キブンゴのCOVEPAKIでバナナペーパー製作スタッフとして働いていたジャネットとエルネスティン、そしていつも通訳としてサポートしてくれたアブラハムの3人に再会しました。場所は、キガリとキブンゴのほぼ中間にあるルワマガナ（2011年1月、初めてワークショップをおこなったところ）。オーガスティンもキガリから同行しました。

ジャネットとエルネスティンの2人は、HATがCOVEPAKIに預けていた道具の一部を使い、自分たちでバナナペーパーの生産を始めていました。彼らに依頼したランプシェード用のバナナペーパーは薄くて色も白く、とても素晴らしい出来映えです。

以前はCOVEPAKIから依頼された仕事をしていたのですが、賃金に不満を抱き現在は独立、地域でのマーケット開拓にも意欲的に動き出そうとしています。実はこれこそ、私がキブンゴでバナナペーパー・プロジェクトを始めた4年前から望んでいたことなのです。彼らの取り組みが実を結ぶよう願っています。

彼らから面白い話を聞きました。同じバナナでも、バナナワイン用の実が成る茎から取り出した繊維からは、色白のきれいなバナナペーパーが作れるというのです。このことに気づいたのは、ルワンダ広しといえども2人しかいません。HAT工房での仕事を通して培った繊細さ、また仕上がりの色にこだわる彼女たちの感覚は、私が求めている「バナナ和紙」の品質レベルを高く保つ決め手になりそうだと、ますます期待が高まってきました。

キガリでの残り2日間は、クリスマス・バザーに出展するランプシェードの仕上げ作業です。すでに作成済みの骨組みに、前日ルワマガナで受け取ったバナナペーパーを皆で装着しました。あとは、バザーでのお披露目を待つばかりです。

キブンゴで主体的にBP生産を開始した元スタッフと再会

手作りBPランプシェード第1号

クリスマス・バザーで大好評!

11月21日に開催されたクリスマス・バザーの会場は、映画『ホテル・ルワンダ』の舞台にもなった、キガリのホテル・ミルコリンです。

このホテルには、二度目に訪問した時（2009年）に泊まったことがあります。ちょうど改装が始まったばかりで、客室もロビーも昔のまま、つまり1994年のジェノサイド当時と同じでした。

「ホテルの中を見学したい」とお願いすると、50歳代と思われる物静かな感じのコンシェルジュが案内してくれました。最上階のベランダからはキガリの町が一望できました。そのあと会議室などをひととおり見せてもらい、1階に戻ったところで、「もしや、ジェノサイドの時もこちらで働いていたのですか?」と聞くと、彼は「はい、おりました」と。

そして、「あなたが今立っているそこに、そしてその奥にも、たくさんの人たちが避難してきて、足の踏み場もありませんでした。プールの水を飲み水にして……。でも、全員が生きてホテルをあとにしました」との説明に、映画のシーンが蘇りました。大勢の人がすぐそこにいて、恐怖におののく目でこちらを見ているかのような感覚が襲ってきます。鳥肌が立ち、涙がこぼれそうになったことが懐かしく思い出されました。

後日オーガスティンから、クリスマス・バザーは成功裡《り》に終わったとの報告が、写真とともに届きました。「バナナペーパーで作ったカードやカレンダーはたくさん売れた。特にランプシェードはとてもユニークなので（他の出展品の大半はバスケット類や布で作る小物など）多くの来場者の関心を集め、在庫が足りずに追加注文を受けた」とありました。

また、南部の都市ブタレの学校から、「子どもたちにバナナペーパーの作り方を教えてほしい」と依頼されたとも。ちなみに、２０１６年2月に開催された「キガリ・アーツ・フェスティバル」に出展した際には、バナナペーパー製作の手順をYou Tubeで紹介しています。

他のアフリカ諸国や東南アジアでも生産されていますが、私たちが開発したバナナ和紙は、日本伝統の和紙の製法に学んだ「バナナ繊維１００％で、化学薬品を使わず、そして手漉き（hand-made）」という〝Total Eco Banana Paper〟です。ほんのり温かみのあるクリーム色をしていて、墨で文字を書いても滲《にじ》むことはありません。

２０１５年11月の訪問をきっかけに、キガリとキブンゴの双方で高品質のバナナペーパー作りが始まり、これでようやく一里塚にたどり着いたように感じます。

ホテル・ミルコリンでのクリスマス・バザーで大好評

4 バナナペーパーの広がりに大きな期待

職業訓練学校の新コースに

帰国して間もない同年12月、キブンゴの職業訓練学校「NDABUC LTD (New Dynamic Arts Business Center)」(生徒数250人)の校長から、バナナペーパーのクラスを新設したいという連絡が届きました。

メールには「私どもは政府に認定された職業訓練学校で、卒業生は各協同組合に就職しています」と、過去の実績などを記した書類が何枚も添付されていました。そして、すでに開設されている「編み物」「洋裁」「ホテルサービス」「美容」等のクラスに加え、「バナナペーパー・コース」を2016年の1学期から始めたい、ただ予算がないので、設備等はすべてHATにお願いしたいというのです。

これまで続けてきた「スクール・キャンペーン」は小・中学生が対象で、毎月1校ずつの実施でしたが、こちらは毎日の授業として取り組まなければなりません。引き受けようか、また引き受けた場合どのように実施するか、あれこれ考え、「バナナの里キブンゴで、青年たちがバナナペーパーの技術を学び、それが次の世代にも受け継がれて将来の収入につながるのなら」との思いで、2学期（5・6月）からのスタートでよければと返信しました。

「それでけっこうです」とのことで、まずはカリキュラム作りから始めました。基本となる紙作りのノウハウは、COVEPAKIの元バナナペーパー・スタッフが1カ月間かけて教え、6月は、作ったバナナペーパーを用いてカードやランプシェード等のクラフト作りを、キガリのアーティストたちに依頼することにしました。

同年3月、新製品開発のためキガリを再訪するタイミングに合わせて、職業訓練学校の校長、アーティストのオーガスティン、バナナペーパー作りのジャネットたち全関係者がキブンゴで打ち合わせをおこないました。実施に必要な人件費・交通費・材料費はHATの負担です。

そして、バナナペーパー・クラスが開講して1カ月たった5月末に、職業訓練学校を訪問しました。目的は、授業がカリキュラムどおりに進んでいるかを検証し、授業後半（6月）の準備のためです。この時はHAT会員・古家正暢さんのご子息・拓海さんに同行してもらい、多くの

いよいよBPコース授業の開始

職業訓練校のBPコースについて関係者と協議

器材や備品を携えて臨みました。

新設のバナナペーパー・コースには、10代後半から20代の男女、さらに年長の婦人など、合わせて25人の生徒が真剣に取り組んでいました。私は3日間滞在し、箱や袋の作り方を教えましたが、ランプシェードの写真を見せながら、「これを作りますよ」と話した時に見せた彼らの嬉しそうな表情がなんとも印象的でした。

帰国後、6月に入ると、キガリから講師として赴いたアーティストたちからも、生徒たちが意欲的にカードやランプシェード作りを学んでいる様子が伝えられました。

生徒たちが手がけたBPランプシェード

生徒の作品はンゴマ郡庁主催のEXPO（見本市）で好評

Ngoma: Umuyapanikazi arigisha gukora impapuro mu mitumba y'insina

BPコースが「Ngoma News」で紹介

しかも、幸運なことに、6月末のコース終了を待たずに、生徒たちはありがたい機会に恵まれました。6月22〜24日までの3日間開催される「オープンデー（地域のEXPO＝見本市）」に、バナナペーパー・コースの生徒たちが出展することになったのです。ランプシェードやカードなどをブースで販売したところ大きな反響を呼び、その模様が地元の新聞に、私の紹介とともに掲載されました。

ウブランガ・アーツスタジオが解散、セルセとムギシャが独立

帰国後、キガリの経済誌「INDEPENDENT」、またテレビ局数社がバナナペーパーについて取り上げるようになった矢先、パートナーだったウブランガ・アーツスタジオのオーガスティンから、8月末でスタジオが解散したとの知らせがありました。あとはセルセとムギシャがそれぞれ独立し、バナナペーパー・クラフトの製作に引き続き取り組んでいるとのこと。そこで、彼らの活動を応援し、今後の発展を確かなものにしたいと、10月10日から再びルワンダを訪問しました。

セルセとムギシャはそれぞれ趣の異なる作品を手がけ、ともするとライバル心をむき出しにしがち。一緒に作るのは難しいとの姿勢でしたが、2人ともプロジェクトを担う重要な存在なので、「よい意味でのライバル心を持って双方で刺激し合い、技術を高めましょう。2人が協力してル

ワンダ国内でバナナペーパー・ランプシェードのマーケットを開拓してほしい」と訴え、何度もミーティングを重ねました。その結果、チームとして行動することで合意し、共通のパンフレットを作ってプロモーションを進める、またこちらが何か依頼したときは2人で対応することなどを話し合いました。

Business

Youth cash in from banana stem lampshades

Banana paper, bitenge, wires and discarded plastic bottle. What useful product can you create using above products? Very few, but if you ask Evergiste Mugisha, he will mention lampshades.

Each day, ever since he learned the skill of using banana paper to make a lampshade, Mugisha has been daily preoccupied with using these products to make locally made lampshades that are quite unique in their own way.

キガリの経済誌「INDEPENDENT」に、BPに関わる人たちとムギシャの作品が紹介

テレビでBPランプシェードを説明するムギシャ

ルワンダの魅力を伝えるメディア「Travel」で、セルセ、筆者と作品を紹介

キブンゴに新たなバナナペーパー製作の拠点

　また、ウブランガ・アーツスタジオが使えなくなったことで、新たな作業所を確保する必要が出てきました。特に、繊維の抽出や叩解などパルプ化の工程では、屋外にそれなりのスペースが必要です。その点を確かめたところ、キブンゴの職業訓練学校バナナペーパー・コースの卒業生2人が「自分たちの地域でいつでも良質のパルプを用意して、キガリに届けます」とセルセに申し出ていると聞き、それではと、セルセと一緒にその地を訪問しました。

　キガリからバスで約2時間、終点のキブンゴより二つ手前の停留所で降り、そこから未舗装で起伏に富んだ丘をバイクで15分ほど進みます。土埃《ぼこり》が入らないよう、また凸凹道を走るので舌を噛まないようにしっかり口を結び、振り落とされまいと必死でした。

　目的地のルレンゲセクターは、至るところにバナナの木々が群生する、まさにバナナの里です。待っていた2人の元生徒のうち1人は、自宅でバナナビールを醸造しているといいます。もう1人は農業で生計を

新拠点のスタッフたち（中央の２人がBPコースの卒業生）

BP製作の新拠点ルレンゲセクター

立てているようです。

話し合いの中で「ミキサーが必要」と言っていたので、「HATがプレゼントします」と約束しました。この地にバナナペーパーの新たな製作拠点ができれば、今後大量の注文を受けても、キガリのセルセやムギシャは問題なくこなせそうですし、新たな雇用も生まれることでしょう。

滞在中（10月14日）、はからずもルワンダの地方局ロイヤル・テレビの取材を受けました。ムギシャのバナナペーパー・ランプシェード作りの様子を以前から取材しているジャーナリストが、私が訪問中であると聞き、そのノウハウを教えた日本人女性として紹介したのです。ほんの数分間でしたが、動機や目標などについて尋ねられ、15分ほどにまとめられた番組は、その夜7時15分から放映されました。

キニヤルワンダ語のためすべてを理解できたわけではありませんが、ホテルのレストランでスタッフたちと一緒に見ていると、一人が「僕も習いたい。学校はどこにあるのですか？　授業料はいくらですか？」と真顔で聞いてきました。また、番組を制作したディレクターからは、「政府高官からなど多くの反響がありました。大変感謝しています」

滞在中にロイヤル・テレビで紹介

ルワンダ国営放送局（RBA）のスタジオに作品が展示

とのメッセージも届きました。

最後のミーティングでセルセは、「ルワンダでバナナペーパーの作り方を知っているのはほんのひと握り！　僕たちにとってバナナペーパーはゴールドです」と話していましたが、素敵な手作りのバナナペーパー・ランプシェードに対する人々の関心がようやく高まり、いつブレークしてもおかしくないといった状況を迎えています。

はたして前に進めるだろうかとの不安を絶えず抱えながら歩んできたルワンダでの「バナナペーパー・プロジェクト」。国営放送局（ＲＢＡ）も〝Made in Rwanda〟のバナナペーパー・ランプシェードについて取り上げています。そしてセルセとムギシャに続く青年たちが技術を継承しつつあり、プロジェクトを実施してよかったとの喜びと同時に、お世話になった多くの皆様への感謝の気持ちでいっぱいです。

〝アフリカの奇跡〟と呼ばれるルワンダですが、急速な発展を遂げるキガリ、またその近隣で恵まれた生活を送る一部の人たちの陰には、いまだ水などのインフラが整わない、雇用機会もほとんどない人が数多くいます。

ルワンダで始めたバナナペーパー・プロジェクト。これからも、「より多くの家庭に〝幸せのランプシェード〟を届けたい。そしてさらなる雇用につなげたい」との課題を掲げ、歩みを進めたいと考えています。

キガリのスラム街。向かい側には高級住宅、ゴルフ場が

BPとバナナ皮とのコラボ。ニューアガセチェ・ランプ

Banana Paper Manual

Kumiko Banana Paper Project

Making Frames

What you need are;

1. Wood sticks
2. Net
3. Bond
4. Saw
5. Nails
6. Hummer
7. Measure

(Upper Frame)

(1) Cut in a right angle into 2 long and 2 short sticks depending on sizes below.

	Long		Short
A3-size:	45.5 cm	x	30 cm
A4-size:	34 cm	x	21.5 cm
Card-size:	18.5 cm	x	10.5 cm

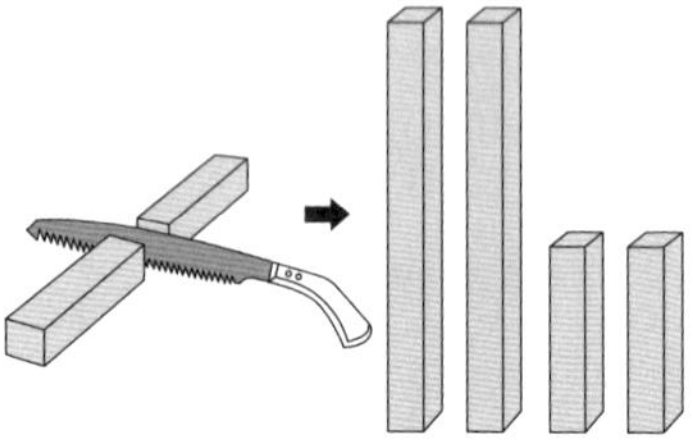

(2)Join corners of sticks by bond.

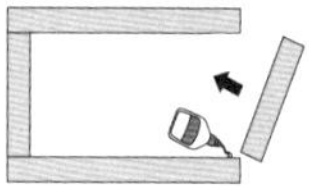

(3)After drying up, fix joined corners with nails.

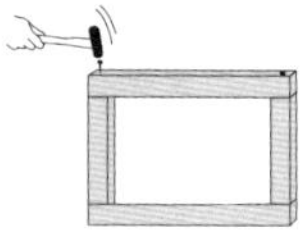

(Lower Frame) Process of (1) to (3) is the same as upper frame.

(4) A net which is bigger size than a frame is stretched to attach to the frame by a stapler.

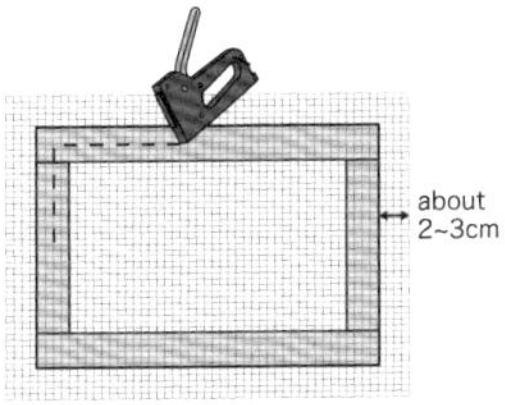

(5) Lay bond on the whole sides of frame.

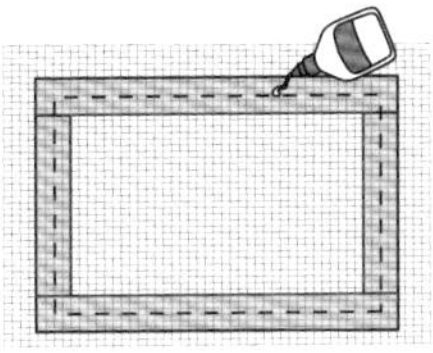

(6)After drying, cut off excessive net.

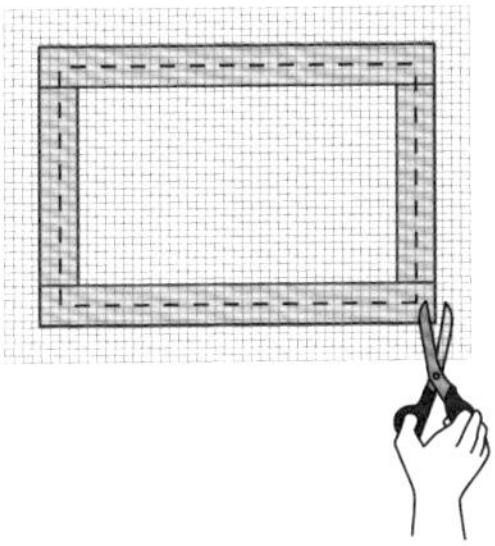

【How to make Pulp】

1. Cutting a banana stem to about 50cm long, and
2. Split vertically into 4 or 6 pieces, then separate to an each layer.

1. 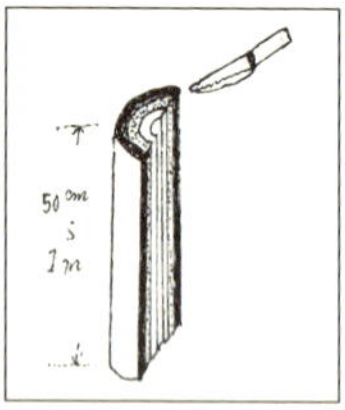

2. 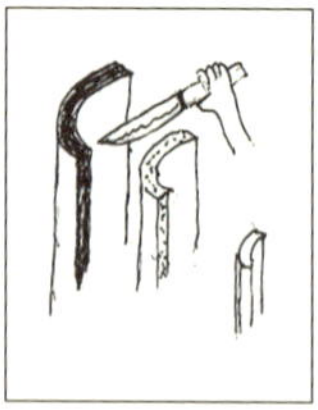

3. Scrape out unnecessary parts until you get fibers from the outside of each layer.

1. 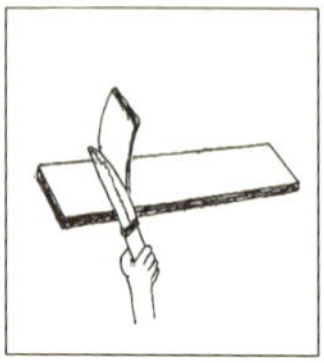

2. 

4. Before taking out fibers, prepare Ash (by burning woods and glasses) water.
   - (4-1) Add boiled water into Ash, and (4-2) leave for one night.

4-1 

4-2 

   - Instead of using Chemicals, top clear layer of Ashed Water (4-2) is essential to make fibers very soft, without damage of the environment.

5. Boiling fibers in the Ashed Water (4-2) for several hours, and leave for several hours.

5-1 

5-2 

6. Breaking fibers by a hummer on the hard board or stone till becoming very soft. This process of hummering is hard work, but very important to get good quality of paper.

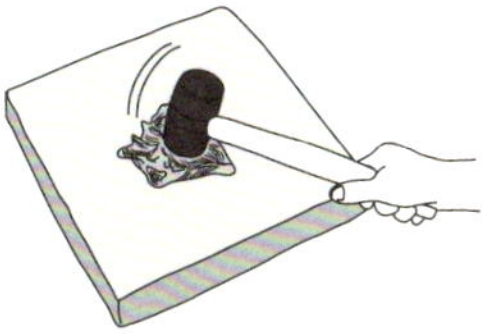

6-1

6-2

7.Washing fibers very well in clean water.

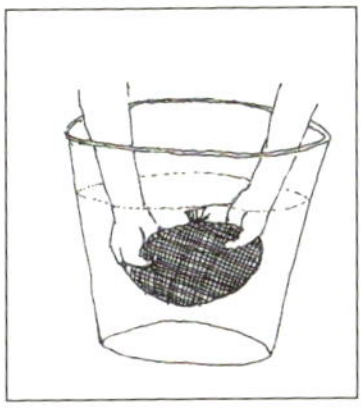

7

8. Cutting fibers into very short, to about 5mm long.

8

9. As the final process, make fibers softer by a mixer, till getting Potage like soft fibers.

9-1

9-2

★ Before using a mixer, please read manuals as well as following points carefully.

- o Mixer is designed for crushing food which is softer than banana fibers, so don't keep using for a long time. Switch ON for several minutes and OFF for a while repeatedly to avoid Overheat.
- o After using a mixer, clean very well specially take out fibers attached to blades of the bottom side..

【Paper Forming】

1. What you need are;

(1) Wash tub (2) Water (3) Pulp (banana fiber) (4) Glue (Cassaba)
(5) Frame set (6) Cloths (7) Towels (8) Boards (9) Iron

2. Prepare Frame-Set

From the bottom----Frame with Net, Cloth , Upper Frame without net.

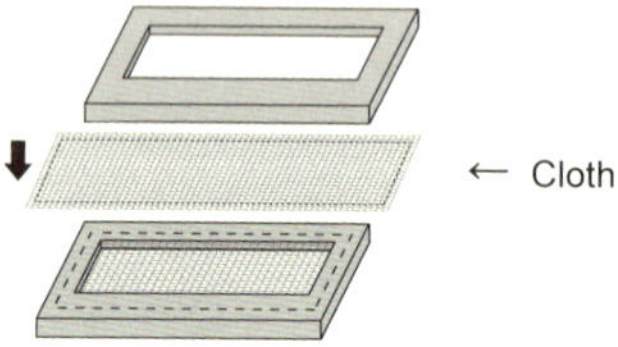

2

3. Put Water, Pulp and Glue into a wash-tub (as the ratio about 10 : 1 : 1) and mix well.

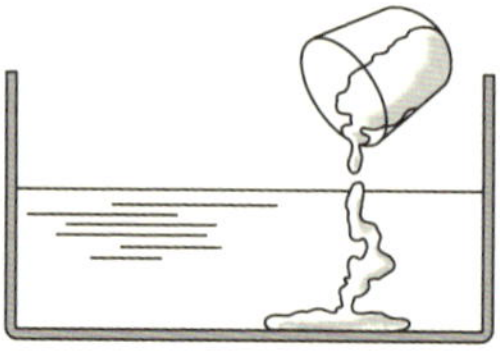

3

4. Scooping fibers by a Frame-set from the bottom to surface of the wash-tub, then, take out the upper frame,

4-1

4-2

5. Transfer fibers and cloth together and put fibers on a towel.
   Cover by another dry towel to press for absorbing water.

*** Mix water (w/ fibers and glue) inside a wash tub very well before scooping.

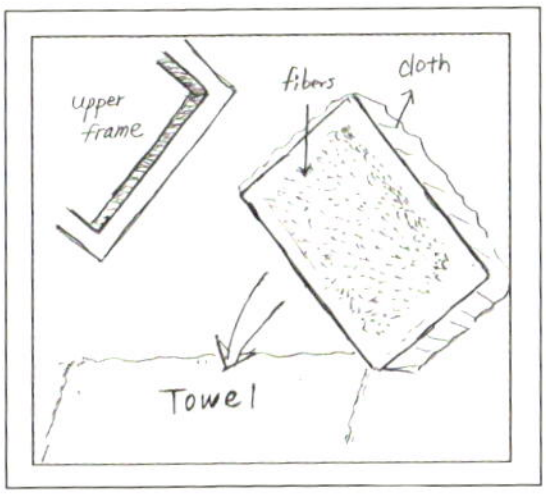

5-1

5-2

6. Dry newly formed paper on a board one by one, but not perfectly (about 80%).

6-1

6-2

7. Dry up perfectly by an iron.

7

ルワンダでの「バナナペーパー・プロジェクト」12年間の歩み

年	月	主なできごと	訪問回数	関連事項
2005	1			エチオピアのコーヒー危機続く
	7	NPO法人ハーベストタイム（HAT）設立。目的は「美味しいコーヒーの一杯でアフリカ農民支援」		
	8			会員募集、収益事業（コーヒー販売）を開始
2006	1	エチオピア最大のコーヒー農協=オロミヤコーヒー生産者組合のタデッセ代表に面会		
	2	エチオピアのコーヒー栽培地イルガチェフェを訪問		
	3			ホームページ開設、コーヒー通販の開始
	11			エチオピア大使館を退職
2007	7	再生自転車のコンテナ積み込み・出港。エチオピア大使が松戸市を訪問		
	10	エチオピアへ。ズワイデュグダ、シャシェメネでの自転車贈呈式に出席		みなと区民まつりに出展
2008	5			エチオピア産コーヒー生豆から残留農薬が検出される
	6			東アフリカのコーヒー販売を検討
	9			東アフリカ優良コーヒー協会のプレゼンに参加
	10			みなと区民まつりに出展
	11	ルワンダ訪問（キガリの養護施設、コーヒー栽培地）（学用品贈呈） マラウィ訪問（コーヒー栽培地）（学用品贈呈）	1	

年	月	主なできごと	訪問回数	関連事項
2009	7	再生自転車のコンテナ積み込み・出港。マラウィ大使が松戸市を訪問		
	10	エチオピア（オロミヤコーヒー生産者組合の新施設を訪問） マラウィ（ムズズコーヒー生産者連合組合での再生自転車・ソーラーLEDライト贈呈式に出席）　ルワンダ（キブ湖周辺のコーヒー農園を訪問）	2	みなと区民まつりに出展
2010	2	東京・北区「紙の博物館」で学ぶ。埼玉県小川町の久保製紙で「細川紙」の紙漉きを習う		
	4	エチオピア・オロミヤコーヒー生産者組合の夜間学校にソーラーLEDライトを贈呈		
	6			アフリカンフェスタに出展
	8	山梨県身延町で「西嶋和紙」の作り方などを学ぶ 自宅でバナナペーパー（BP）作りに挑戦		
	10			グローバルフェスタ、みなと区民まつりに出展
2011	1	ルワンダの3カ所でワークショップを実施。雇用創出の手ごたえを感じつつも、バナナ茎からの繊維取り出し方法が課題として浮上	3	
	3			東北大震災。支援コーヒーの販売を開始、売り上げを被災地に寄付。支援イベントも数回開催
	7	岩手県奥州市の相沢征雄さんを訪問し、繊維の取り出し方法を学ぶ。ルワンダでのBP作り技術の向上を模索		
	9	ルワンダ訪問　キブンゴでCOVEPAKIと協議。ンゴマ郡庁にHAT工房の建築を申請、工事着手	4	
	10			グローバルフェスタ、みなと区民まつりに出展

年	月	主なできごと	訪問回数	関連事項
2011	11			アフリカンフェスタに出展
	12	5回目のルワンダ　キブンゴにHAT工房が完成、開所式に出席	5	
2012	2			乳ガンの手術
	3	日本でのBPカード販売を開始。以後、国内イベントや通販で販売		
	4			駐日ルワンダ大使よりメッセージ
	10			グローバルフェスタ、みなと区民まつりに出展。HAT工房開所式の模様を撮った写真が「成長するアフリカ賞」を受賞
	11	ルワンダ訪問　キブンゴの小中学校にBP筆箱を贈る「スクールキャンペーン」を開始。以後毎月、計12回実施	6	
2013	3	7回目のルワンダ　キブンゴで繊維100%のピュア・バナナペーパーの作り方を教える。BPランプシェード作りも。HAT工房立ち退きの話を初めて聞く	7	福島・桑折仮設住宅でコーヒーを提供
	4	ピュアBPの資質向上とBPクラフト製品（カード以外）の作り方を指導		
	5			アフリカンフェスタに出展
	7			「月刊みんぱく（2013年7月号）」に寄稿。福島・桑折仮設住宅でコーヒーを提供
	10			グローバルフェスタ、みなと区民まつりに出展
	11	ルワンダ訪問　キガリでBPクラフトの販売先を開拓。キブンゴでBP紙質の向上と電灯用のカサ作りを指導。ンゴマ郡庁教育課から、BP実習授業実施の要請が	8	

年	月	主なできごと	訪問回数	関連事項
2014	5			HAT総会でNPO法人の8月解散を決議。支援活動は「HAT de Coffee & Banana」が引き継ぐことに
	7	ルワンダ訪問　キブンゴでBP実習授業を開始。以後毎月、計12回実施。HAT工房の立ち退き先を紹介される	9	
	11	カンボジア訪問（シェムリアップ）　現地のNGOにBP作りを教える		
2015	4	カンボジア訪問（シェムリアップ）　BPクラフト作りを教える		
	9	10回目のルワンダ　キガリでアーティストたちにBPランプシェード作りを教える	10	
	11	ルワンダ訪問　キガリでBP作りを教える。ルワマガナでBP元スタッフの女性たちと再会	11	クリスマス・バザーにBPランプシェードを初出品（キガリのホテル・ミルコリン）
2016	3	ルワンダ訪問　キガリでBPクラフト商品の開発。キブンゴで職業訓練学校BPコースの打ち合わせ	12	
	5	ルワンダ訪問　キガリでBPランプシェード。キブンゴで職業訓練学校の授業を実施	13	
	10	14回目のルワンダ　キガリでアーティストたちと今後の打ち合わせ。ルレンゲセクターに生まれたBP作りの新拠点を訪問	14	
	12			クリスマス・バザーにBPランプシェードを出品（キガリのホテル・ミルコリン）

あとがき

アフリカの農民支援に関わって12年。その原資を確保するために始めたコーヒー販売も11年。そして、ルワンダでバナナペーパー作りを始めて6年。その間に起こったこと、思ったことをまとめてみようと思い立ったのは2015年の暮れ、11回目のルワンダ訪問から帰国した頃です。ルワンダでのバナナペーパー・プロジェクトは試行錯誤の繰り返し。それでもようやく製造工程の基礎ができ上がり、バナナ繊維100%の「バナナ和紙」が誕生しました。また、現地での生産が始まったバナナペーパー・クラフト製品も、いまでは「ルワンダ製品」として認識されるようになり、嬉しいことに、後継者も育ちつつあります。

「まだこれから」という思いもあり、本にまとめるのは時期尚早かとも考えましたが、あえて挑んでみました。

　現今の日本、さらに世界が抱えている厳しい現実を目《ま》の当たりにし、何か自分にできることはないだろうかとお考えの方も、多くおられるのではないでしょうか。私自身は仕事、子育てが一段落した頃、50代後半にそのスタートを切りました。駐日大使館に勤務していたことはありますが、国際貢献もボランティア活動も、すべて初めての経験であり挑戦でした。しかし、行動を起こすのに年齢の制限はありません。そうした方々にとって少しでも参考になればと願い、拙いながらペンを執り、「アフリカ農民支援体験記」としてまとめてみたのがこの本です。

なお、本稿は、私自身の体験にもとづいて書いたものなので、専門知識に乏しく、文章表現また知見の誤りについてお気づきになられたときは、何卒ご容赦ください。またお世話になった方々のお名前またお写真（集合写真）を勝手ながら掲載させていただきました。事後になりましたが、ご了承のほどお願い申し上げます。

出版にあたりご尽力くださった、書肆侃侃房の田島安江さん並びにエディットハウスの岩中祥史さんにお礼申し上げます。

最後に、「女性が社会で活躍する時代の先駆けですね」といつも励ましてくださった、私ども夫婦の長年の親友である和田公雄さんはじめ、これまで12年間、至らない私を温かく応援し支えてくださった多くの皆様お一人お一人に、改めて心より感謝申し上げます。

２０１７年１月

津田久美子

著者プロフィール
津田 久美子 （つだ・くみこ）
1948年生まれ。東京都港区出身。千葉県松戸市在住。
1999～2006年、駐日エチオピア共和国大使館に勤務（大使秘書）。
2005年、NPO法人ハーベストタイム（HAT）を設立。東アフリカ産コーヒーを紹介・販売し、その収益を原資として、3カ国（エチオピア、ルワンダ、マラウィ）の貧困に苦しむ農民の生活、教育の向上をめざす。
2011年、格差が広がるルワンダで雇用創出を目的に、バナナペーパー・プロジェクトをスタート。廃棄されているバナナ茎から、伝統の和紙技術を応用し、化学薬品不使用のバナナペーパーを生み出す。そのバナナペーパー（BP）を使ったMade in Rwandaのランプシェードを、現地のアーティスト達と共同で製品化。
現在、HAT de Coffee & Bananaの代表。
◎HAT de Coffee & Banana
ホームページURL http://hat.site-omakase.com/
メールアドレス hat@eco.zaq.jp

装画 坂田 優子
装幀 大村 政之（クルール）
編集 岩中 祥史（エディットハウス）

ルワンダに灯った希望の光
久美子のバナナ和紙

2017年3月14日 第1刷発行

著 者 津田久美子
発行者 田島 安江
発行所 書肆侃侃房（しょしかんかんぼう）
〒810-0041 福岡市中央区大名2-8-18-501（システムクリエート内）
tel 092-735-2802 fax 092-735-2792
http://www.kankanbou.com info@kankanbou.com
印刷・製本 大同印刷株式会社

ISBN978-4-86385-251-8 C0095